기본중국어 Workbook

ELEMENTARY CHINESE

모해연 · 이옥주 · 이재돈 지음

E.PRESS

목차 | CONTENTS

기본중국어 Workbook

<기본중국어 Workbook>으로 중국어 듣기, 말하기, 읽기, 쓰기 하나도 빠짐없이 마스터하자!

0. 발음 연습 — 성모 운모 성조의 효율적인 연습을 통해서 중국어의 기초를 튼튼하게!

1. 싱싱 한자 — 간체자 쓰기 연습부터 단어, 문장, 회화까지, 중국어 쓰기도 체계적으로!
2. 통통 문법 — 핵심을 짚어 주는 문법!
3. 팅동팅동 듣기 — 원어민의 중국어가 귀에 쏙쏙 들어오는 체험!
4. 칸동칸동 읽기 — 본문에서 배운 단어로도 이렇게 다양한 글을 읽을 수 있다니!
5. 빵빵 회화 — 암기에서 끝나는 중국어는 이제 그만! 내가 하고 싶은 말을 살아 있는 중국어로!

Tip! 즐거운 놀이도 하고, 노래도 배우고, 게다가 중국 문화까지 엿볼 수 있는 기회!

※ '팅동팅동 듣기'와 '빵빵 회화' 파일에 대한 문의는 chinlit@ewha.ac.kr(이화여대 중어중문학과)로 하실 수 있습니다.

기본중국어 Workbook 발음 연습 0

• 이름 : ________________ • 학번 : ________________ • 분반 : ________ 반

• 제출일 : __________ 년 ______ 월 ______ 일

I. 성모 운모 연습

1. 성모 연습 : 소리를 듣고 발음을 고르세요.

1.	a. pà	b. bà
2.	a. fú	b. hú
3.	a. kuā	b. huā
4.	a. jiān	b. qiān
5.	a. xiāng	b. shāng
6.	a. zhá	b. zá
7.	a. zì	b. cì
8.	a. sè	b. shè
9.	a. sè	b. cè
10.	a. zhǒng	b. jiǒng
11.	a. shēn	b. sēn
12.	a. rù	b. lù

2. 운모 연습 : 소리를 듣고 발음을 고르세요.

1.	a. guǒ	b. gǒu
2.	a. zhuāng	b. zhāng
3.	a. yǒu	b. yǔ
4.	a. nǔ	b. nǚ
5.	a. lǔ	b. lǚ
6.	a. yuán	b. yán
7.	a. huán	b. hán
8.	a. bīn	b. bīng
9.	a. héng	b. hóng
10.	a. kēng	b. kōng
11.	a. rén	b. rán
12.	a. mán	b. mén

3. 소리를 듣고 음절을 완성해 봅시다.

1. q________
2. x________
3. ________u
4. ________a
5. ________e
6. ________i
7. l________
8. ch________
9. s________
10. r________
11. ________ng
12. n________

Ⅱ. 성 조 연습

1. 소리를 듣고 성조를 고르세요.

1.	a. xià	b. xiā
2.	a. mǎi	b. mái
3.	a. wú	b. wǔ
4.	a. guāng	b. guǎng
5.	a zú	b. zū
6.	a. zhèng	b. zhēng
7.	a. jú	b. jǔ
8.	a. qiáng	b. qiāng
9.	a. zhè	b. zhě
10.	a. huī	b. huì
11.	a. rǔ	b. rú
12.	a. rén	b. rèn

2. 소리를 듣고 성조를 표시해 봅시다.

1. nu
2. mo
3. ze
4. zhuang
5. quan
6. liu
7. yuan
8. tian
9. jiao
10. yue
11. shui
12. huo

3. 소리를 듣고 성조를 표시해 봅시다. 경성이 있는지 주의하세요.

1. guanxi
2. laoshi
3. pengyou
4. dongxi
5. jiejie
6. erzi
7. didi
8. xihuan
9. dongxi
10. women
11. laoshi
12. zenme

Ⅲ. 종합 연습

1. 소리를 듣고 음절이나 단어에 동그라미하세요.

	a.	b.
1.	a. jiā	b. zhā
2.	a. chuí	b. qué
3.	a. chǎng	b. qiǎng
4.	a. xū	b. shū
5.	a. sōu	b. shōu
6.	a. liè	b. lüè
7.	a. shǎo	b. xiǎo
8.	a. chóu	b. qiú
9.	a. yuè	b. yè

10. a. jiǔ　　b. zhǒu
11. a. nǔ　　b. nǚ
12. a. zhǎng　　b. jiǎng
13. a. zhàopiàn　　b. zhāopiàn
14. a. kāfēi　　b. káfēi
15. a. nǔ'ér　　b. nǚ'ér
16. a. zāijiàn　　b. zàijiàn
17. a. gōngzuò　　b. gōngzhuò
18. a. pìjiǔ　　b. píjiǔ
19. a. lóngyì　　b. róngyì
20. a. cǎoméi　　b. cáoměi

2. 소리를 듣고 다음의 빈칸에 성모와 운모를 엮어 성조와 함께 정확히 표기해 봅시다.

	an	ao	ang	en	eng	ie	ei	ou	uo	in	ing	iang
b	____	____	____	____	____	____	____	____	____	____	____	____
p	____	____	____	____	____	____	____	____	____	____	____	____
d	____	____	____	____	____	____	____	____	____	____	____	____
t	____	____	____	____	____	____	____	____	____	____	____	____
g	____	____	____	____	____	____	____	____	____	____	____	____
k	____	____	____	____	____	____	____	____	____	____	____	____
m	____	____	____	____	____	____	____	____	____	____	____	____
n	____	____	____	____	____	____	____	____	____	____	____	____

	an	ao	ang	en	eng	ie	ei	ou	uo	in	ing	iang
zh	____	____	____	____	____	____	____	____	____	____	____	____
ch	____	____	____	____	____	____	____	____	____	____	____	____
sh	____	____	____	____	____	____	____	____	____	____	____	____
z	____	____	____	____	____	____	____	____	____	____	____	____
c	____	____	____	____	____	____	____	____	____	____	____	____
s	____	____	____	____	____	____	____	____	____	____	____	____

Ⅳ. 이름맞추기 (힌트 : 유명 인사나 국가 이름)

1. Màikè Jiékèxùn ______________________
2. Àodàilì Hèběn ______________________
3. Àobāmǎ ______________________
4. Bèikèhànmǔ ______________________
5. Bùlánní Sīpí'ěrsī ______________________
6. Àodàlìyà ______________________
7. Mòxīgē ______________________
8. Gāngguǒ ______________________
9. Fēilǜbīn ______________________
10. Yìndùníxīyà ______________________

기본중국어 Workbook 1과

1

你好! 안녕하세요!

• 이름 : ____________ • 학번 : ____________ • 분반 : ______반

• 제출일 : ________년 ______월 ______일

I. 싱行 싱行 한자

1) 다음의 각 한자를 올바른 획순에 따라서 적어 봅시다.

你好	你好	你好	你好	你好	你好
你好 nǐ hǎo 안녕하십니까?			你你你你你你你 好好好好好好		

再见	再见	再见	再见	再见	再见
再見 zàijiàn 안녕히 계세요			再再再再再再 见见见见		

谢谢	谢谢	谢谢	谢谢	谢谢	谢谢
謝謝 xièxie 감사합니다			谢谢谢谢谢谢谢谢谢谢谢谢		

不客气	不客气	不客气	不客气	不客气	不客气
不客氣 búkèqi 천만에요			不不不不 客客客客客客客客客 气气气气		

对不起	对不起	对不起	对不起	对不起	对不起
對不起 duìbuqǐ 미안합니다			对对对对对 不不不不 起起起起起起起起起起		

没关系	没关系	没关系	没关系	没关系	没关系

没關係 méi guānxi 괜찮습니다

忙	忙	忙	忙	忙	忙	忙	忙

máng 바쁘다

饿	饿	饿	饿	饿	饿	饿	饿

餓 è 배고프다

累	累	累	累	累	累	累	累

lèi 피곤하다

我	我	我	我	我	我	我	我

wǒ 나

很	很	很	很	很	很	很	很

hěn 매우

也	也	也	也	也	也	也	也

yě ~또한

吗	吗	吗	吗	吗	吗	吗	吗

嗎 ma 의문을 표시하는 어기조사

呢	呢	呢	呢	呢	呢	呢	呢

ne 진술한 의문문의 압축 반복, 이미 나온 질문을 반복해서 물을 때 쓰는 어기조사

2) 다음에 주어진 단어를 병음은 한자로, 한자는 병음으로 표기하세요.

① xièxie ________ ② hěn ________ ③ è ________ ④ yě ________

⑤ 不客气 ________ ⑥ 再见 ________ ⑦ 呢 ________ ⑧ 忙 ________

3) 다음에 병음으로 주어진 각 문장을 한자로 쓰고 우리말로 바꾸세요.

① Wǒ yě bù máng.

汉 ______________________ → 韩 ______________________

② Nǐ hěn lèi ma?

汉 ______________________ → 韩 ______________________

③ Duìbuqǐ!

汉 ______________________ → 韩 ______________________

4) 다음의 한어 병음에 성조를 바르게 표시하며 문장을 익혀 봅시다.

你 好! Ni hao!	再 见! Zai jian!
谢 谢! Xie xie!	不 客 气! Bu ke qi!
你 忙 吗? Ni mang ma?	我 很 忙。 你 呢? Wo hen mang。 Ni ne?
对 不 起! Dui bu qi!	没 关 系! Mei guan xi!
我 也 很 忙。 Wo ye hen mang。	

Ⅱ. 통通 통通 문법

1) 아래의 문장을 일반 의문문으로 바꾸고 부정형식으로 답하세요.

① 我爸爸很忙。→ ______________________? ______________________。

② 我很累。 → ______________________? ______________________。

③ 我很饿。 → ______________________? ______________________。

2) 다음의 각 문장을 중국어로 옮기세요.

① A: 나는 별로 바쁘지 않은데, 너는?

A:____

B: 나도 별로 바쁘지 않아.

B:____

② A: 너 많이 피곤하니?

A:____

B: 피곤하지 않아. 나 괜찮아.

B:____

③ A: 미안해!

A:____

B: 괜찮아!

B:____

III. 팅听 동懂 팅听 동懂 듣기

1) [True/False] 대화 [1.1]을 듣고 다음의 문장이 맞는지 틀리는지 선택하세요. 그리고 그 근거가 되는 문장을 중국어로 적으세요.

T F

① B의 아버지는 매우 피곤하십니다. ☐ ☐

____

② B의 부모님께서는 모두 잘 지내십니다. ☐ ☐

____

✓ 보충단어 爸爸 bàba : 아빠, 妈妈 māma : 엄마, 她 tā : 그녀

2) 대화 [1.2]를 듣고 다음의 각 물음에 적합한 답을 a) 우선 중국어로 말해 보고, b) 말한 내용을 한자로 적으세요.

① B는 매우 피곤합니까?

____

② A는 어떻습니까?

____

IV. 칸看 동懂 칸看 동懂 읽기

1) 다음의 문단을 읽고 각 물음에 중국어로 답하세요.

我爸爸、妈妈都很好。爸爸很忙，妈妈不忙。

① 他爸爸、妈妈好吗? ______________________

② 他们忙吗? ______________________

✔ 보충단어 都 dōu : 모두, 他们 tāmen : 그들

MEMO

V. 빵棒 빵棒 회화

1) 그림을 보고 두 사람이 나누는 회화를 적절하게 만들어 보세요. (그림은 사이버 강의실에서 제공됩니다.) a) 우선 회화를 말로 표현해 보고, b) 말한 내용을 한자로 써보세요.

2) 같은 반 친구와 인사를 나누어 보세요. 배운 단어와 문형을 활용해서 a) 중국어로 말해 보고, b) 말한 내용을 한자로 써보세요.

중국어 잰말놀이

Tip!

발음 연습해 보기

우리도 중국 아나운서들처럼 정확한 발음을 내기 위해서 함께 연습해 볼까요? 펜을 입에 물고 하면 더욱 효과적이랍니다.

妈妈骑马	
妈 妈 骑 马, Mā ma qí mǎ,	어머니께서 말을 타시는데,
马 慢, 妈 妈 骂 马。 mǎ màn, mā ma mà mǎ.	말이 느려서 어머니께서 말을 나무라신다.

2

기본중국어 Workbook 2과

你学什么? 당신은 무슨 공부를 하나요?

• 이름 : ____________ • 학번 : ____________ • 분반 : ______ 반

• 제출일 : ________ 년 ______ 월 ______ 일

I. 싱行 싱行 한자

1) 다음의 각 한자를 올바른 획순에 따라서 적어 봅시다.

学	学	学	学	学	学	学	学
學 xué 공부하다							

什么	什么	什么	什么	什么	什么
什麽 shénme 무엇					

汉语	汉语	汉语	汉语	汉语	汉语
漢語 Hànyǔ 중국어					

难	难	难	难	难	难	难	难
難 nán 어렵다							

容易	容易	容易	容易	容易	容易
róngyì 쉽다					

吃	吃	吃	吃	吃	吃	吃	吃

chī 먹다 吃吃吃吃吃吃

面条	面条	面条	面条	面条	面条

面條 miàntiáo 국수 面面面面面面面面面 条条条条条条条

的	的	的	的	的	的	的	的

de ~의(소유격 조사) 的的的的的的的的

电话	电话	电话	电话	电话	电话

電話 diànhuà 전화 电电电电电 话话话话话话话话

号码	号码	号码	号码	号码	号码

號碼 hàomǎ 번호 号号号号号 码码码码码码码码

是	是	是	是	是	是	是	是

shì ~이다 是是是是是是是是是

多少	多少	多少	多少	多少	多少

duōshao 얼마 多多多多多多 少少少少

请	请	请	请	请	请	请	请

請 qǐng 부탁하다 请请请请请请请请请请

再	再	再	再	再	再	再	再

zài 다시 再再再再再再

说	说	说	说	说	说	说	说

說 shuō 말하다

遍	遍	遍	遍	遍	遍	遍	遍

biàn 번, 회(동작의 횟수를 세는 말)

英语	英语	英语	英语	英语	英语

英語 Yīngyǔ 영어

日语	日语	日语	日语	日语	日语

日語 Rìyǔ 일어

喝	喝	喝	喝	喝	喝	喝	喝

hē 마시다

买	买	买	买	买	买	买	买

買 mǎi 사다

咖啡	咖啡	咖啡	咖啡	咖啡	咖啡

kāfēi 커피

看	看	看	看	看	看	看	看

kàn 보다

书	书	书	书	书	书	书	书

書 shū 책

听	听	听	听	听	听	听	听
聽 tīng 듣다							听听听听听听听

音乐	音乐	音乐	音乐	音乐	音乐
音樂 yīnyuè 음악					音音音音音音音音音 乐乐乐乐乐

2) 다음에 주어진 단어를 병음은 한자로, 한자는 병음으로 표기하세요.

① róngyì ________ ② hàomǎ ________ ③ yīnyuè ________ ④ Yīngyǔ ________

⑤ 什么 ________ ⑥ 多少 ________ ⑦ 日语 ________ ⑧ 咖啡 ________

3) 다음에 병음으로 주어진 각 문장을 한자로 쓰고 우리말로 바꾸세요.

① Wǒ xué Rìyǔ, nǐ ne? Wǒ yě xué Rìyǔ.

汉 ____________________ → 韩 ____________________

② Qǐng zài tīng yí biàn.

汉 ____________________ → 韩 ____________________

③ Nǐ kàn bu kàn shū?

汉 ____________________ → 韩 ____________________

4) 다음의 한어 병음에 성조를 바르게 표시하며 문장을 익혀 봅시다.

你 学 什么? Ni xue shenme?	我 学 汉语。 Wo xue Hanyu。
汉语 难 不 难? Hanyu nan bu nan?	汉语 不 难, 汉语 很 容 易。 Hanyu bu nan, Hanyu hen rong yi。
你 吃 什么? Ni chi shenme?	我 吃 面条。 你 吃 不 吃? Wo chi miantiao。 Ni chi bu chi?
我 不 吃。 Wo bu chi。	你 的 电话 号码 是 多少? Ni de dianhua haoma shi duoshao?
3 2 7 8 - 6 1 5 4。 San er qi ba liu yao wu si。	请 再 说 一 遍。 Qing zai shuo yi bian。

Ⅱ. 통通 통通 문법

1) 아래의 각 문장을 'V+不+V' 형태의 정반의문문으로 바꾸세요.

예 : 他们看书。→ 他们看不看书?

① 我听音乐。 → ______________________________?

② 我喝啤酒。 → ______________________________?

③ 我吃面包。 → ______________________________?

④ 英语很难。 → ______________________________?

✓ 보충단어 啤酒 píjiǔ : 맥주, 面包 miànbāo : 빵

2) 아래의 각 문장에서 틀린 부분을 바로잡으세요.

① 你饿不饿吗?

② 你妈妈很忙不忙?

③ 你喝什么吗?

④ 我书买。

⑤ 我学汉语也。

3) 다음의 각 문장을 중국어로 옮기세요.

① A: 영어 어렵니, 어렵지 않니? B: 영어 아주 쉬워.

A: ______________________ B: ______________________

② A: 중국어는? B: 중국어도 아주 쉬워.

A: ______________________ B: ______________________

③ A: 너 뭐 마실래? B: 나 커피 마실래.

A: ______________________ B: ______________________

Ⅲ. 팅听 동懂 팅听 동懂 듣기

1) 대화 [2.1]을 듣고 다음의 각 물음에 적합한 답을 a) 우선 중국어로 말해 보고, b) 말한 내용을 한자로 적으세요.

① B는 무엇을 하려고 합니까? ______________________

② 전화는 몇 번에 걸어야 합니까? ______________________

✓ 보충단어 必胜客 Bìshèngkè : 피자헛

2) [True/False] 대화 [2.2]를 듣고 다음의 문장이 맞는지 틀리는지 선택하세요.
그리고 그 근거가 되는 문장을 중국어로 적으세요.

T F

① B는 커피를 마십니다. ························ □ □

____

② B는 사과를 먹습니다. ························ □ □

____

✓ 보충단어 坐 zuò : 앉다, 可乐 kělè : 콜라, 苹果 píngguǒ : 사과

Ⅳ. 칸看 동懂 칸看 동懂 읽기

1) 다음의 문단을 읽고 각 물음에 중국어로 답하세요.

我妹妹学汉语，她说汉语很容易，也很有意思。

① 她妹妹学什么? ______________________________

② 她说汉语难吗? ______________________________

✓ 보충단어 有意思 yǒu yìsi : 재미있다, 妹妹 mèimei : 여동생

V. 빵棒 빵棒 회화

1) 그림을 보고 두 사람이 나누는 회화를 적절하게 만들어 보세요. (그림은 사이버 강의실에서 제공됩니다.) a) 우선 회화를 말로 표현해 보고, b) 말한 내용을 한자로 써보세요.

2) 같은 반 친구와 인사를 나누고 전화번호를 물어보세요. 배운 단어와 문형을 활용해서 a) 중국어로 말해 보고, b) 말한 내용을 한자로 써보세요.

떠나자! 중국의 거리로!

Tip!

你吃什么？

중국 사람들은 평소에 어떤 음식을 먹을까요? 우리 함께 중국의 길거리로 나가 볼까요?

중국에도 요즘 다양한 외국 음식점들이 진출해 있답니다. 어떤 것들이 있나 볼까요? 사진을 보고 어떤 음식점인지 한번 맞춰 보세요.

기본중국어 Workbook 3과

3

我是韩国人 저는 한국 사람이에요

• 이름 : ______________ • 학번 : ______________ • 분반 : ________ 반

• 제출일 : __________ 년 ______ 월 ______ 일

I. 싱行 싱行 한자

1) 다음의 각 한자를 올바른 획순에 따라서 적어 봅시다.

朋友	朋友	朋友	朋友	朋友	朋友
péngyou 친구					朋朋朋朋朋朋朋朋 友友友友

哪国人	哪国人	哪国人	哪国人	哪国人	哪国人
哪國人 nǎguórén 어느 나라 사람					哪哪哪哪哪哪哪哪哪 国国国国国国国国 人人

他	他	他	他	他	他
tā 그					他他他他他

她	她	她	她	她	她
tā 그녀					她她她她她她

中国	中国	中国	中国	中国	中国
中國 Zhōngguó 중국					中中中中 国国国国国国国国

韩国	韩国	韩国	韩国	韩国	韩国

韓國 Hánguó 한국　韩韩韩韩韩韩韩韩韩韩韩韩 国国国国国国国国

日本	日本	日本	日本	日本	日本

Rìběn 일본　日日日日 本本本本本

美国	美国	美国	美国	美国	美国

美國 Měiguó 미국　美美美美美美美美美 国国国国国国国国

法国	法国	法国	法国	法国	法国

法國 Fǎguó 프랑스　法法法法法法法法 国国国国国国国国

叫	叫	叫	叫	叫	叫	叫	叫

jiào 부르다　叫叫叫叫叫

名字	名字	名字	名字	名字	名字

míngzi 이름　名名名名名名 字字字字字字

李英明	李英明	李英明	李英明	李英明	李英明

Lǐ Yīngmíng 이영명　李李李李李李李 英英英英英英英英 明明明明明明明明

张小兰	张小兰	张小兰	张小兰	张小兰	张小兰

张小蘭 Zhāng Xiǎolán 장소란　张张张张张张张 小小小 兰兰兰兰兰

黄龙	黄龙	黄龙	黄龙	黄龙	黄龙

黃龍 Huáng Lóng 황룡　黄黄黄黄黄黄黄黄黄黄黄 龙龙龙龙龙

家	家	家	家	家	家	家	家
jiā 집							家家家家家家家家家家

在	在	在	在	在	在	在	在
zài ~에 있다							在在在在在在

首尔	首尔	首尔	首尔	首尔	首尔
首爾 Shǒu'ěr 서울					首首首首首首首首首 尔尔尔尔尔

仁川	仁川	仁川	仁川	仁川	仁川
Rénchuān 인천					仁仁仁仁 川川川

大田	大田	大田	大田	大田	大田
Dàtián 대전					大大大 田田田田田

光州	光州	光州	光州	光州	光州
Guāngzhōu 광주					光光光光光光 州州州州州州

釜山	釜山	釜山	釜山	釜山	釜山
Fǔshān 부산					釜釜釜釜釜釜釜釜釜釜 山山山

2) 다음에 주어진 단어를 병음은 한자로, 한자는 병음으로 표기하세요.

① péngyou ________ ② Hánguó ________ ③ Měiguó ________ ④ jiā ________

⑤ 首尔 ________ ⑥ 法国 ________ ⑦ 哪国人 ________ ⑧ 日本 ________

3) 1~3과를 통해서 배운 문형들을 활용하여 아래의 퍼즐을 완성해 봅시다.

가로

1. 저는 중국어 책을 봅니다.
2. 미안합니다.
3. 당신은 어느 나라 사람입니까?
4. 영어는 매우 쉽습니다.
5. 그녀는 집에 있습니까?
6. 당신은 어떤 사전을 삽니까?
7. 괜찮습니다.
8. 제 친구는 미국인입니다.
9. 다시 한 번 말해 주세요.
10. 커피

세로

1. 저는 일본 사람이 아닙니다.
2. 서점은 어디에 있습니까?
3. 당신의 전화번호는 몇 번입니까?
4. 그는 매우 바쁩니다.
5. 그녀는 무엇을 듣습니까?
6. 안녕하십니까?
7. 그녀는 이미영이라고 합니다.
8. 저는 매우 배가 고픕니다.
9. 안녕(헤어질 때)
10. 프랑스

4) 다음의 한어 병음에 성조를 바르게 표시하며 문장을 익혀 봅시다.

你 是 哪 国 人?	我 是 韩国 人。
Ni shi na guo ren?	Wo shi Hanguo ren。

你 叫 什么 名字?	我 叫 李 美英。
Ni jiao shenme mingzi?	Wo jiao Li Meiying。

你 家 在 哪儿?	我 家 在 首尔。
Ni jia zai nar?	Wo jia zai Shou'er。

Ⅱ. 통通 통通 문법

1) 적당한 의문대명사를 사용하여 아래 문장의 빈칸을 채우세요.

① 你叫______名字?

② 你买______书?

③ 你的汉语老师是______国人?

④ 你朋友家在______?

⑤ 你家的电话号码是______?

✓ 보충단어 老师 lǎoshī : 선생님

2) 아래의 각 문장에서 틀린 부분을 바로잡으세요.

① 我中国人是。

② 他在家首尔。

③ 妈妈我在家。

④ 我吃咖啡。

3) 다음의 각 문장을 중국어로 옮기세요.

① 그녀의 집은 서울에 있나요?

____

② 저는 한국에 있지 않고 중국에 있어요.

____

③ 무슨 국수를 먹을 건가요?

____

Ⅲ. 팅听 동懂 팅听 동懂 듣기

1) 대화 [3.1]을 듣고 다음의 각 물음에 적합한 답을 a) 우선 중국어로 말해 보고, b) 말한 내용을 한자로 적으세요.

① 김미란은 일본 사람입니까? ______________________________

② 김미란은 무슨 언어를 배웁니까? ______________________________

✓ 보충단어 金美兰 Jīn Měilán : 김미란

2) [True/False] 대화 [3.2]를 듣고 다음의 문장이 맞는지 틀리는지 선택하세요. 그리고 그 근거가 되는 문장을 중국어로 적으세요.

T F

① 나는 부산에 사는 한국 사람입니다. ………………………… □ □

____

② 우리집 전화번호는 3574-5621입니다. ………………………… □ □

____

Ⅳ. 칸看 동懂 칸看 동懂 읽기

1) 다음의 문단을 읽고 각 물음에 중국어로 답하세요.

她叫朴美英，是韩国人，家在济州岛。现在她在首尔，一个人住。她的手机号码是 010-5473-8962。

① 朴美英是哪国人? ______________________

② 她家在哪儿? ______________________

③ 她的爸爸、妈妈在首尔吗? ______________________

✓ 보충단어 **朴美英** Piáo Měiyīng : **박미영**, **济州岛** Jìzhōudǎo : **제주도**, **现在** xiànzài : **현재**, **住** zhù : **살다**, **手机** shǒujī : **핸드폰**, **一个人** yí ge rén : **혼자**

MEMO

V. 빵棒 빵棒 회화

1) 1과에서 3과까지 배운 단어와 문형을 활용해서 친구 한 명을 소개해 보세요. 우선 빈칸을 채우고 난 후 중국어로 말해 보세요.

我介绍一下。这是我的同学，他/她姓_____，叫____________。他/她是________人，今年__________岁。

他/她现在在____________读_____年级。他/她学___________专业。我们都是___________学生。

2) 그림을 보고 두 사람이 나누는 회화를 적절하게 만들어 보세요. (그림은 사이버 강의실에서 제공됩니다.) a) 우선 회화를 말로 표현해 보고, b) 말한 내용을 한자로 써보세요.

✓ 보충단어 介绍 jièshào : 소개하다, 姓 xìng : 성 专业 zhuānyè : 전공, 年级 niánjí : 학년

중국학생증 만들기

Tip!

여러분은 지금 중국 북경대학교에서 중국어를 배우고 있는 중입니다. 도서관에 가서 책을 빌리고 싶은데 학생증이 없으면 안 된다고 하네요. 하루빨리 학생증을 만들어야겠어요. 가장 친한 친구인 미영이의 학생증을 참고하여 각자의 학생증을 만들어 볼까요? 사진도 한 장 필요하네요.

学生证

名字	• 李美英
国籍	• 韩国
生日	• 1988. 7. 17
学校	• 北京大学
学号	• 08020001
所属院校	• 人文学院

学生证

照片

名字	
国籍	
生日	
学校	
学号	
所属院校	

✓ 보충단어

学生证 xuéshēngzhèng : 학생증
国籍 guójí : 국적
学号 xuéhào : 학번
所属院校 suǒshǔ yuànxiào : 소속 대학
人文学院 rénwén xuéyuàn : 인문대

기본중국어 Workbook 4과

4

我们去书店 우리는 서점에 가요

• 이름 : ____________ • 학번 : ____________ • 분반 : ________ 반

• 제출일 : ________ 년 ______ 월 ______ 일

Ⅰ. 싱行 싱行 한자

1) 다음의 각 한자를 올바른 획순에 따라서 적어 봅시다.

这	这	这	这	这	这	这	这
這 zhè 이것							

同学	同学	同学	同学	同学	同学
同學 tóngxué 학우					

老师	老师	老师	老师	老师	老师
老師 lǎoshī 선생님					

姐姐	姐姐	姐姐	姐姐	姐姐	姐姐
jiějie 언니, 누나					

哥哥	哥哥	哥哥	哥哥	哥哥	哥哥
gēge 오빠, 형					

去	去	去	去	去	去	去	去
qù 가다							去去去去去

书店	书店	书店	书店	书店	书店
書店 shūdiàn 서점					书书书书 店店店店店店店

食堂	食堂	食堂	食堂	食堂	食堂
shítáng 식당					食食食食食食食食食 堂堂堂堂堂堂堂堂堂堂堂

电影院	电影院	电影院	电影院	电影院	电影院
電影院 diànyǐngyuàn 영화관					电电电电电 影影影影影影影影影影影影影影影 院院院院院院院院院

银行	银行	银行	银行	银行	银行
銀行 yínháng 은행					银银银银银银银银银银银 行行行行行行

我们	我们	我们	我们	我们	我们
我們 wǒmen 우리들					我我我我我我我 们们们们们

学校	学校	学校	学校	学校	学校
學校 xuéxiào 학교					学学学学学学学学 校校校校校校校校校校

你	你	你	你	你	你	你	你
nǐ 너							你你你你你你你

回家	回家	回家	回家	回家	回家
huí jiā 귀가하다					回回回回回回 家家家家家家家家家家

2) 다음에 주어진 단어를 병음은 한자로, 한자는 병음으로 표기하세요.

① yínháng ________ ② tóngxué ________ ③ diànyǐngyuàn ____________________

④ 学校 ________ ⑤ 书店 ________ ⑥ 食堂 ________ ⑦ 老师 ________

3) 다음의 각 문장을 병음(성조 포함)으로 쓰고 우리말로 바꾸세요.

① 这是他朋友吗?

汉 ______________________________ → 韩 ______________________________

② 我妈妈去商店，我爸爸去银行。

汉 ______________________________ → 韩 ______________________________

③ 我去图书馆看书。

汉 ______________________________ → 韩 ______________________________

✓ 보충단어 图书馆 túshūguǎn : 도서관

Ⅱ. 통通 통通 문법

1) 아래의 각 문장에서 틀린 부분을 바로잡으세요.

① 这是我书。

② 我们去家。

③ 我去商店，你吗?

④ 他是我英语的老师。

2) 예문을 따라서 문장을 만들어보세요.

예 : 我去图书馆 + 我学习汉语。 → 我去图书馆学习汉语。

① 去书店 + 买书 → ____________________

② 去电影院 + 看电影 → ____________________

③ 去食堂 + 吃饭 → ____________________

④ 去学校 + 上课 → ____________________

3) 다음의 각 문장을 중국어로 옮기세요.

① 우리는 식당에 가서 국수를 먹습니다.

____

② 너희들 극장에 가니, 안 가니?

____

③ 이분은 저의 중국인 선생님입니다.

____

Ⅲ. 팅听 동懂 팅听 동懂 듣기

1) 대화 [4.1]을 듣고 다음의 각 물음에 적합한 답을 a) 우선 중국어로 말해 보고, b) 말한 내용을 한자로 적으세요.

① B는 어디에 갑니까? ______________________________

② A는 왜 집에 갑니까? ______________________________

2) [True/False] 대화 [4.2]를 듣고 다음의 문장이 맞는지 틀리는지 선택하세요. 그리고 그 근거가 되는 문장을 중국어로 적으세요.

T F

① 그녀는 B의 친구입니다. ………………………………… □ □

____

② 그녀는 중국에서 왔습니다. ………………………………… □ □

____

✓ 보충단어 北京 Běijīng : 북경

Ⅳ. 칸看 동懂 칸看 동懂 읽기

1) 다음의 문단을 읽고 각 물음에 중국어로 답하세요.

我介绍一下，他姓李，叫李小龙，是我的中国朋友，家在上海。现在他在韩国学韩国语，他说韩国语很难。他学习很忙，每天去图书馆看书。

① 李小龙现在在哪儿? ____________________

② 他说韩国语容易吗? ____________________

③ 他每天都去哪儿? ____________________

✔ 보충단어 李小龙 Lǐ Xiǎolóng : 이소룡, 上海 Shànghǎi : 상해, 每天 měitiān : 매일

MEMO

V. 빵棒 빵棒 회화

1) 그림을 보고 두 사람이 나누는 회화를 적절하게 만들어 보세요. (그림은 사이버강의실에서 제공됩니다.) a) 우선 회화를 말로 표현해 보고, b) 말한 내용을 한자로 써보세요.

2) 중국어를 함께 배우는 친구들과 많이 친해졌나요? 친해진 친구를 한번 소개해 볼까요? 그리고 그 친구가 오늘 오후에 어디에 가서 무엇을 할 계획인지도 말해 보세요. 배운 단어와 문형을 활용해서 a) 중국어로 말해 보고, b) 말한 내용을 한자로 써보세요.

一起玩一玩

말 전 하 기 게 임

Tip!

미션! 정확한 문장을 말하라!

초등학생 시절 일렬로 서서 말 전하기 게임을 해본 적이 있죠? 이번에는 중국어 버전 말 전하기 게임을 해봅시다. 다섯 명이 한 조가 되어 일렬로 섭니다. 선생님이 첫 번째 학생에게 문장을 알려주면 그 학생이 귓속말로 다음 학생에게 전해 줍니다. 맨 마지막에 있는 학생이 자신이 들은 문장을 칠판에 적어 보세요.

가장 빨리 정확하게 적은 팀이 승리하겠죠? 자, 시작해 볼까요?

고古 시诗 배 우 기

静夜思 (李白)
(Jìng yè sī) (Lǐ Bái)

床前明月光, Chuáng qián míng yuè guāng,	침대 머리에 밝은 달빛 비치니
疑是地上霜。 Yí shì dì shàng shuāng.	온 땅 위에 서리가 내린 듯하네.
举头望明月, Jǔ tóu wàng míngyuè,	머리 들어 밝은 달 바라보고
低头思故乡。 Dī tóu sī gùxiāng.	머리 숙여 고향 생각하네.

기본중국어 Workbook 5과

今天几号? 오늘은 며칠이에요?

5

• 이름 : ____________ • 학번 : ____________ • 분반 : ________ 반

• 제출일 : ________ 년 ______ 월 ______ 일

I. 싱行 싱行 한자

1) 다음의 각 한자를 올바른 획순에 따라서 적어 봅시다.

今天	今天	今天	今天	今天	今天
jīntiān 오늘					今今今今 天天天天

号	号	号	号	号	号	号	号
號 hào (차례, 순번을 표시하는) 번호							号号号号号

月	月	月	月	月	月	月	月
yuè 월							月月月月

晚上	晚上	晚上	晚上	晚上	晚上
wǎnshang 저녁					晚晚晚晚晚晚晚晚晚晚晚 上上上

做	做	做	做	做	做	做	做
zuò 만들다							做做做做做做做做做做做

电视	电视	电视	电视	电视	电视

電視 diànshì 텔레비전

明天	明天	明天	明天	明天	明天

míngtiān 내일

学习	学习	学习	学习	学习	学习

學習 xuéxí 공부하다

星期	星期	星期	星期	星期	星期

xīngqī 요일

电影	电影	电影	电影	电影	电影

電影 diànyǐng 영화

下午	下午	下午	下午	下午	下午

xiàwǔ 오후

课	课	课	课	课	课	课	课

課 kè 수업

生日	生日	生日	生日	生日	生日

shēngrì 생일

上网	上网	上网	上网	上网	上网
上網 shàng wǎng 인터넷에 접속하다					上 上 上 网 网 网 网 网 网

聊天	聊天	聊天	聊天	聊天	聊天
liáo tiān 이야기를 나누다					聊 聊 聊 聊 聊 聊 聊 聊 聊 聊 聊 天 天 天 天

2) 다음에 주어진 단어를 병음은 한자로, 한자는 병음으로 표기하세요.

① shàng wǎng ______ ② diànshì ______ ③ míngtiān ______ ④ xīngqī ______

⑤ 电影 ______ ⑥ 晚上 ______ ⑦ 课 ______ ⑧ 聊天 ______

3) 다음에 병음으로 주어진 각 문장을 한자로 쓰고 우리말로 바꾸세요.

① Míngtiān shàngwǔ wǒ qù kàn diànyǐng, nǐ ne?

汉 ____________________

→ 韩 ____________________

② Xīngqītiān wǎnshang wǒ mèimei zài jiā kàn diànshì, shàng wǎng liáo tiān.

汉 ____________________

→ 韩 ____________________

Ⅱ. 통通 통通 문법

1) 다음의 일과표를 보고 예와 같이 문장을 만들어 보세요.

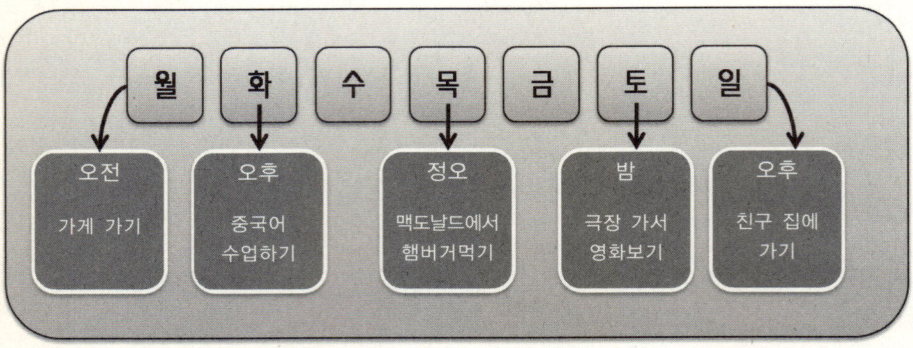

예 : 星期一上午我去商店。

① ______________________________

② ______________________________

③ ______________________________

④ ______________________________

2) 아래의 각 문장에서 틀린 부분을 바로잡으세요.

① 今天不星期六。

② 五月五号星期天不是。

③ 你做什么明天下午?

④ 我不看电视晚上。

3) 다음의 각 문장을 중국어로 옮기세요.

① 너희 아버지는 오늘 오후에 무얼 하시니?

____

② 내일은 어머니 생신이 아니라 할머니 생신이에요.

____

③ 오늘은 토요일이라 수업을 하지 않아서 영화를 보러 가요.

____

Ⅲ. 팅听 동懂 팅听 동懂 듣기

1) 대화 [5.1]을 듣고 다음의 각 물음에 적합한 답을 a) 우선 중국어로 말해 보고, b) 말한 내용을 한자로 적으세요.

① 내일은 13일의 금요일입니까? ______________________________

② B는 저녁에 무엇을 합니까? ______________________________

2) [True/False] 대화 [5.2]를 듣고 다음의 문장이 맞는지 틀리는지 선택하세요. 그리고 그 근거가 되는 문장을 중국어로 적으세요.

T F

① B의 아버지는 바쁘십니까? ………………………………………………………… □ □

____

② B의 어머니는 일요일에 등산을 하십니까? ……………………………………… □ □

____

✓ 보충단어 爬山 pá shān : 등산하다

Ⅳ. 칸看 동懂 칸看 동懂 읽기

1) 다음의 문단을 읽고 각 물음에 중국어로 답하세요.

今天九月三十号，是星期天。我爸爸不上班，上午他去教会，下午见朋友，晚上在家上网。

① 今天几号? ______________________________

② 今天是星期六吗? ______________________________

③ 他爸爸今天做什么? ______________________________

✓ 보충단어 上班 shàng bān : 출근하다, 教会 jiàohuì : 교회

V. 빵棒 빵棒 회화

1) 그림을 보고 두 사람이 나누는 회화를 적절하게 만들어 보세요. (그림은 사이버 강의실에서 제공됩니다.) a) 우선 회화를 말로 표현해 보고, b) 말한 내용을 한자로 써보세요.

2) 내일과 이번주 일요일에 어떤 일정이 있습니까? 배운 단어와 문형을 활용해서 계획을 a) 중국어로 말해 보고, b) 말한 내용을 한자로 써보세요.

중국어 잰말놀이

Tip!

발음 연습해 보기

우리도 중국 아나운서들처럼 정확한 발음을 내기 위해서 함께 연습해 볼까요? 펜을 입에 물고 하면 더욱 효과적이랍니다~

四是四	
谁 说 十四是四四, Shéi shuō shí sì shì sì sì,	shísì(14)를 sìsì(4, 4)라고 말하는 녀석이 있다면,
就打谁十四。 Jiù dǎ shéi shí sì.	그 녀석을 14번 때려라.
谁 说 四十是细席, Shéi shuō sì shí shì xì xí	sìshí(40)을 xìxí라고 말하는 녀석이 있다면,
就打 谁四十。 Jiù dǎ shéi sì shí	그 녀석을 40번 때려라.

Q&A

수수께끼

이것은 무엇일까요?

东一片, Dōng yí piàn,	동쪽에 하나,
西一片, xī yí piàn,	서쪽에 하나,
到老不相见。 dào lǎo bù xiāngjiàn	늙을 때까지 서로 볼 수 없대요.

기본중국어 Workbook 6과

你几点上课? 당신은 몇 시에 수업을 하나요?

• 이름 : ________________ • 학번 : ________________ • 분반 : ________ 반

• 제출일 : __________ 년 ______ 월 ______ 일

I. 싱行 싱行 한자

1) 다음의 각 한자를 올바른 획순에 따라서 적어 봅시다.

现在	现在	现在	现在	现在	现在
現在 xiànzài 현재					

点	点	点	点	点	点	点	点
點 diǎn 시(時)							

刻	刻	刻	刻	刻	刻	刻	刻
kè 15분(단위)							

起床	起床	起床	起床	起床	起床
qǐ chuáng 일어나다					

睡觉	睡觉	睡觉	睡觉	睡觉	睡觉
睡覺 shuì jiào 잠을 자다					

快	快	快	快	快	快	快	快
kuài 빠르다							快快快快快快快

走	走	走	走	走	走	走	走
zǒu 걷다							走走走走走走走

吧	吧	吧	吧	吧	吧	吧	吧
ba 청유의 어기를 나타내는 조사							吧吧吧吧吧吧吧

饭	饭	饭	饭	饭	饭	饭	饭
飯 fàn 밥							饭饭饭饭饭饭饭

作业	作业	作业	作业	作业	作业
作業 zuòyè 숙제					作作作作作作作 业业业业业

零	零	零	零	零	零	零	零
líng 숫자 0							零零零零零零零零零零零零零

差	差	差	差	差	差	差	差
chà 부족하다							差差差差差差差差差

2) 다음에 주어진 단어를 병음은 한자로, 한자는 병음으로 표기하세요.

① shuì jiào ______ ② chī fàn ______ ③ zuòyè ______ ④ qǐ chuáng ______

⑤ 差 ______ ⑥ 一刻 ______ ⑦ 一半 ______ ⑧ 走吧 ______

3) 4~6과를 통해서 배운 문형들을 활용하여 아래의 퍼즐을 완성해 봅시다.

가로

1. 학교
2. 이분은 저의 언니입니다.
3. 당신 빨리 가세요.
4. 오늘은 목요일이 아닙니다.
5. 저는 서점에 갑니다.
6. 당신은 어디에 갑니까?
7. 학우, 클라스메이트
8. 저는 저녁 6시에 수업이 끝납니다.
9. 당신은 어떤 영화를 봅니까?
10. 저는 집에 돌아갑니다.
11. 현재

세로

1. 그는 영어를 공부합니다.
2. 저는 인터넷 채팅을 합니다.
3. 도서관
4. 빨리 일어나세요.
5. 제 생일은 4월 6일입니다.
6. 당신은 몇 시에 수업을 시작합니까?
7. 일요일에 당신은 몇 시에 잡니까?
8. 저는 은행에 갑니다.
9. 당신은 오후에 무엇을 합니까?
10. 저는 텔레비전을 봅니다.
11. 그는 집에 있습니다.

Ⅱ. 통通 통通 문법

1) 아래에 주어진 단어를 사용해서 문장을 완성하고 우리말로 바꾸세요.

예 : 我八点半上课。 (8:30, 上课)

① ______________________ (10:15, 看电影) → 韩 ______________________

② ______________________ (12:30, 吃午饭) → 韩 ______________________

③ ______________________ (2:20, 去图书馆)→ 韩 ______________________

④ ______________________ (11:45, 睡觉) → 韩 ______________________

예 : 你快回家吧!

① ______________________ (起床) → 韩 ______________________

② ______________________ (做饭) → 韩 ______________________

③ ______________________ (来学校)→ 韩 ______________________

④ ______________________ (看书) → 韩 ______________________

✓ 보충단어 做饭 zuò fàn : 밥을 짓다

2) 다음의 각 문장을 중국어로 옮기세요.

① A: 수요일 오후에 무엇을 하세요?

A:______________________________

B: 3시 반에 은행에 갔다가 6시에 집에 가서 저녁을 먹어요.

B:______________________________

② A: 토요일에 우리 영화 보러 가자!

A:______________________________

B: 미안하지만 나 토요일에 바빠. 1시에 중국 친구들이 우리집에 오거든.

B:______________________________

③ A: 오늘이 네 생일이니?

A:______________________________

B: 응, 12시 10분 전에 만나자. 학생식당에서 내가 점심 살게.

B:______________________________

④ A: 어이쿠, 8시 5분 전이네!

A:______________________________

B: 빨리 가! 너 오늘 8시에 수업 시작하잖아!

B:______________________________

Ⅲ. 팅听 동懂 팅听 동懂 듣기

1) [True/False] 대화 [6.1]을 듣고 다음의 문장이 맞는지 틀리는지 선택하세요. 그리고 그 근거가 되는 문장을 중국어로 적으세요.

T F

① 지금은 12시 45분입니다. ………………………………………………… □ □

____

② B는 내일 6시 30분에 일어날 예정입니다. ……………………………… □ □

____

③ B는 오늘 12시에 취침할 것입니다. …………………………………… □ □

____

✓ 보충단어 知道 zhīdao : 알다

2) 대화 [6.2]를 듣고 다음의 각 물음에 적합한 답을 a) 우선 중국어로 말해 보고, b) 말한 내용을 한자로 적으세요.

① B는 언제 수업을 마칩니까?

____

② B는 오후에 어떠한 계획을 가지고 있습니까?

____

③ B는 영화를 볼 예정입니까?

____

✓ 보충단어 一起 yìqǐ : 함께

Ⅳ. 칸看 동懂 칸看 동懂 읽기

1) 다음의 문단을 읽고 각 물음에 중국어로 답하세요.

美英是我的好朋友。今天十月十二号，是她的生日。上午十一点我去她的家，我们一起吃饭、聊天，晚上7点我们一起去看电影。

① 今天是谁的生日？ ______________________

② 她几点去美英的家？ ______________________

③ 晚上他们做什么？ ______________________

✓ 보충단어 好朋友 hǎo péngyou : 친한 친구, 谁 shéi : 누구

MEMO

V. 빵棒 빵棒 회화

1) 그림을 보고 두 사람이 나누는 회화를 적절하게 만들어 보세요. (그림은 사이버 강의실에서 제공됩니다.) a) 우선 회화를 말로 표현해 보고, b) 말한 내용을 한자로 써보세요.

2) 같은 반 친구가 내일 무엇을 할 계획인지 한번 알아볼까요? 배운 단어와 문형을 활용해서 친구의 구체적인 일정에 대해서 중국어로 물어보고, 대화를 통해서 알게 된 친구의 계획을 a) 중국어로 말해 보고, b) 말한 내용을 한자로 써보세요.

노래 불러볼까요?

Tip!

여러분의 하루 일과는 어떤가요? 하루 일과를 '둥근 해가 떴습니다'에 맞추어 중국어로 불러봅시다.

하루 일과 song ♬

곡 : 둥근 해가 떴습니다

Tip!

자신의 하루 일과에 맞게 가사를 바꾸어 노래를 불러 볼까요?
먼저 빈칸에 중국어와 병음을 적은 후 불러봅시다.

하루 일과 song ♬

기본중국어 Workbook 7과

他在公司工作 그는 회사에서 일해요

• 이름 : ______________ • 학번 : ______________ • 분반 : ________반

• 제출일 : __________년 ________월 ________일

I. 싱行 싱行 한자

1) 다음의 각 한자를 올바른 획순에 따라서 적어 봅시다.

大学生	大学生	大学生	大学生	大学生	大学生
大學生 dàxuéshēng 대학생					大大大 学学学学学学学学 生生生生生
弟弟	弟弟	弟弟	弟弟	弟弟	弟弟
dìdi 남동생					弟弟弟弟弟弟弟
高中生	高中生	高中生	高中生	高中生	高中生
gāozhōngshēng 고등학생					高高高高高高高高高高 中中中中 生生生生生
爸爸	爸爸	爸爸	爸爸	爸爸	爸爸
bàba 아빠					爸爸爸爸爸爸爸爸
公司	公司	公司	公司	公司	公司
gōngsī 회사					公公公公 司司司司司

职员	职员	职员	职员	职员	职员
職員 zhíyuán 직원					职职职职职职职职职职职 员员员员员员员

妹妹	妹妹	妹妹	妹妹	妹妹	妹妹
mèimei 여동생					妹妹妹妹妹妹妹妹

初中生	初中生	初中生	初中生	初中生	初中生
chūzhōngshēng 중학생					初初初初初初初 中中中中 生生生生生

妈妈	妈妈	妈妈	妈妈	妈妈	妈妈
媽媽 māma 엄마					妈妈妈妈妈妈

2) 다음에 주어진 단어를 병음은 한자로, 한자는 병음으로 표기하세요.

① zhíyuán ________ ② chūzhōngshēng ________ ③ bàba ________

④ 妹妹 ________ ⑤ 公司 ________ ⑥ 高中生 ________

3) 다음에 병음으로 주어진 각 문장을 한자로 쓰고 우리말로 바꾸세요.

① Wǒ péngyou jiā yǒu sì kǒu rén, bàba、māma、jiějie hé tā.

汉 ______________________________

→ 韩 ______________________________

② Jīnnián wǒ bàba zài Zhōngguó gōngzuò, wǒ māma hěn xiǎng tā.

汉 ______________________________

→ 韩 ______________________________

③ Nǐ gēge yǒu nǚpéngyou ma?

汉 ______________________________

→ 韩 ______________________________

Ⅱ. 통通 통通 문법

1) 다음의 각 문장에서 틀린 부분을 바로잡으세요.

① 我有二个姐姐。

② 我不有笔记本电脑。

③ 我妈妈工作在银行。

④ 他没有女朋友还。

⑤ 你明天有没有汉语课吗?

✓ 보충단어 笔记本电脑 bǐjìběn diànnǎo : 노트북

2) 다음의 각 문장에서 밑줄 친 내용의 대답이 나오도록 의문문을 만들어 보세요.

① 我家有四口人。 → ______________________________?

② 我爸爸每天六点起床。 → ______________________________?

③ 他的手机号码是010-4791-3265。 → ______________________________?

④ 我妈妈在医院工作。 → ______________________________?

⑤ 星期天我见朋友。 → ______________________________?

3) 다음의 각 문장을 중국어로 옮기세요.

① 저희 아버지께서는 은행에서 일을 하십니다.

____

② 제 남자친구는 중국에서 중국어를 배우고 있어요. 저는 그가 보고 싶어요.

____

③ 저희 집에 컴퓨터가 없어서 학교에서 인터넷을 합니다.

____

Ⅲ. 팅听 동懂 팅听 동懂 듣기

1) [True/False] 대화 [7.1]을 듣고 다음의 문장이 맞는지 틀리는지 선택하세요. 그리고 그 근거가 되는 문장을 중국어로 적으세요.

T F

① B의 가족은 모두 네 명입니다. ………………………………………………… □ □

② B의 아버지는 병원에서 일하십니다. …………………………………………… □ □

③ B의 어머니는 은행에서 일하십니다. …………………………………………… □ □

2) 대화 [7.2]를 듣고 다음의 각 물음에 적합한 답을 a) 우선 중국어로 말해 보고, b) 말한 내용을 한자로 적으세요.

① B의 남자친구는 무엇을 하는 사람인가요?

② B의 남자친구는 지금 서울에 있나요?

③ B는 곧 남자친구와 헤어질까요?

✓ 보충단어 还是 háishi : 여전히, 电脑 diànnǎo : 컴퓨터, 都 dōu : 모두, 给 gěi : ~에게, 打电话 dǎ diànhuà : 전화를 걸다

Ⅳ. 칸看 동懂 칸看 동懂 읽기

1) 다음의 문단을 읽고 각 물음에 중국어로 답하세요.

我家有四口人，爸爸、妈妈、妹妹和我。我爸爸是医生，他在医院工作，他每天都很忙。我妈妈也工作，她是大学老师。我妹妹是高中三年级学生，她学习很忙，每天都去补习班学习。我是大学生，我在梨大学习法律。

① 她家有什么人? ______________________________

② 她爸爸、妈妈做什么工作? ______________________________

③ 她妹妹是大学生吗? ______________________________

④ 她妹妹每天做什么? ______________________________

⑤ 她在梨大学习什么? ______________________________

✓ 보충단어 医生 yīshēng : 의사, 补习班 bǔxíbān : 보습학원, 梨大 Lídà : 이화여대, 法律 fǎlǜ : 법률

V. 빵棒 빵棒 회화

1) 그림을 보고 두 사람이 나누는 회화를 적절하게 만들어 보세요. (그림은 사이버 강의실에서 제공됩니다.) a) 우선 회화를 말로 표현해 보고, b) 말한 내용을 한자로 써보세요.

2) 친구의 가족에 대해서 한번 알아볼까요? 그리고 친구가 어떤 남자친구를 사귀고 있는지 알아봅시다! 먼저 a) 중국어로 말해 보고, b) 말한 내용을 한자로 써보세요.

Tip!

Chinese Pinyin Scrabble!!

7과에서 어떤 단어들을 배웠는지 기억하나요? 배운 단어들을 사용하여 다음의 빈칸을 병음으로 연결해 봅시다.

도전!

Chinese Pinyin Scrabble

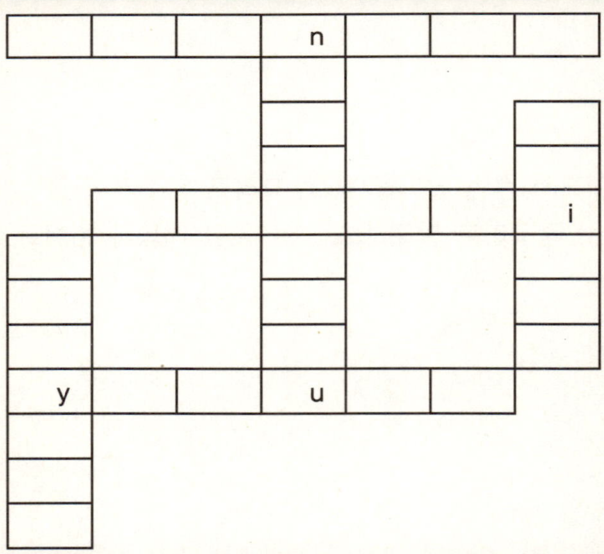

8

기본중국어 Workbook 8과

你今年多大? 당신은 올해 몇 살이에요?

• 이름 : ________________ • 학번 : ________________ • 분반 : ________ 반

• 제출일 : __________ 년 ______ 월 ______ 일

I. 싱行 싱行 한자

1) 다음의 각 한자를 올바른 획순에 따라서 적어 봅시다.

结婚	结婚	结婚	结婚	结婚	结婚
結婚 jié hūn 결혼			结 结 结 结 结 结 结 结 结	婚 婚 婚 婚 婚 婚 婚 婚 婚 婚 婚	

毕业	毕业	毕业	毕业	毕业	毕业
畢業 bì yè 졸업				毕 毕 毕 毕 毕 毕	业 业 业 业 业

孩子	孩子	孩子	孩子	孩子	孩子
háizi 아이, 어린이			孩 孩 孩 孩 孩 孩 孩 孩 孩	子 子 子	

真	真	真	真	真	真	真	真
眞 zhēn 정말					真 真 真 真 真 真 真 真 真 真		

可爱	可爱	可爱	可爱	可爱	可爱
可愛 kě'ài 사랑스럽다			可 可 可 可 可	爱 爱 爱 爱 爱 爱 爱 爱 爱 爱	

漂亮	漂亮	漂亮	漂亮	漂亮	漂亮

piàoliang 예쁘다 漂 漂 漂 漂 漂 漂 漂 漂 漂 漂 漂 漂 漂 亮 亮 亮 亮 亮 亮 亮 亮 亮

菜	菜	菜	菜	菜	菜	菜	菜

cài 채소 菜 菜 菜 菜 菜 菜 菜 菜 菜 菜 菜

好吃	好吃	好吃	好吃	好吃	好吃

hǎochī 맛있다 好 好 好 好 好 好 吃 吃 吃 吃 吃 吃

手机	手机	手机	手机	手机	手机

手機 shǒujī 핸드폰 手 手 手 手 机 机 机 机 机 机

聪明	聪明	聪明	聪明	聪明	聪明

聰明 cōngming 총명하다 聪 聪 聪 聪 聪 聪 聪 聪 聪 聪 聪 聪 聪 聪 聪 明 明 明 明 明 明 明 明

帅	帅	帅	帅	帅	帅	帅	帅

帥 shuài 멋있다 帅 帅 帅 帅 帅

年纪	年纪	年纪	年纪	年纪	年纪

年紀 niánjì 연령, 나이 年 年 年 年 年 年 纪 纪 纪 纪 纪 纪

岁	岁	岁	岁	岁	岁	岁	岁

歲 suì 나이를 세는 단위(~세, ~살) 岁 岁 岁 岁 岁 岁

谁	谁	谁	谁	谁	谁	谁	谁

誰 shéi 누구 谁 谁 谁 谁 谁 谁 谁 谁 谁 谁

照片	照片	照片	照片	照片	照片
zhàopiàn 사진			照照照照照照照照照照照照照 片片片片		

2) 다음에 주어진 단어를 병음은 한자로, 한자는 병음으로 표기하세요.

① shuài ______ ② piàoliang ______ ③ jié hūn ______ ④ zhàopiàn ______

⑤ 年纪 ______ ⑥ 菜 ______ ⑦ 可爱 ______ ⑧ 聪明 ______

3) 다음에 병음으로 주어진 각 문장을 한자로 쓰고 우리말로 바꾸세요.

① Nǐ bàba jīnnián duō dà niánjì?

汉 ______________________________

→ 韩 ______________________________

② Nǐ kàn, zhè shì tā érzi de zhàopiàn. Zhè háizi zhēn kě'ài!

汉 ______________________________

→ 韩 ______________________________

③ Wǒ jiějie hái shì dàxuéshēng, hái méi bì yè ne.

汉 ______________________________

→ 韩 ______________________________

Ⅱ. 통通 통通 문법

1) 예문을 따라서 문장을 만들어 보세요.

예 : 我大学毕业了。→ 你大学毕业了没有? → 我大学还没毕业呢。

① 我结婚了。 → ______

② 我做作业了。 → ______

③ 我朋友回国了。 → ______

④ 我吃晚饭了。 → ______

✓ 보충단어 回国 huí guó : 귀국하다, 晚饭 wǎnfàn : 저녁밥

2) 다음의 각 문장에서 밑줄 친 부분의 내용이 나오도록 의문문을 만들어 보세요.

① 他有<u>两</u>个孩子。 → ______

② 我今年<u>二十</u>岁了。 → ______

③ 我爸爸在<u>医院</u>工作。→ ______

④ 这是<u>我女儿</u>的照片。→ ______

⑤ 他在<u>首尔大学</u>学习。→ ______

✓ 보충단어 女儿 nǚ'ér : 딸, 首尔 shǒu'ěr : 서울

3) 다음의 각 문장을 중국어로 옮기세요.

① 네 휴대폰은 정말 작구나! 어디서 샀니?

---

② 이 중국어 숙제는 참 어렵구나. 우리 내일 아침 도서관에 가서 하자.

---

③ 너 저녁밥 먹었니? 아니, 아직 안 먹었어. 너는?

Ⅲ. 팅听 동懂 팅听 동懂 듣기

1) [True/False] 대화 [8.1]을 듣고 다음의 문장이 맞는지 틀리는지 선택하세요. 그리고 그 근거가 되는 문장을 중국어로 적으세요.

T F

① 미영의 오빠는 서른 살입니다. ………………………………………… □ □

---

② 미영의 오빠와 새언니는 은행원입니다. ………………………………… □ □

---

③ 미영에게는 여자 조카가 있습니다. …………………………………… □ □

✓ 보충단어 爱人 àiren : 남편 또는 아내

2) 대화 [8.2]를 듣고 다음의 각 물음에 적합한 답을 a) 우선 중국어로 말해 보고, b) 말한 내용을 한자로 적으세요.

① A와 B는 무엇을 보며 이야기하고 있습니까?

____

② B의 친구는 내년에 무엇을 할 예정입니까?

____

③ B는 오늘 오후에 무엇을 하려고 합니까?

____

✓ 보충단어 明年 míngnián : 내년

IV. 칸看 동懂 칸看 동懂 읽기

1) 다음의 문단을 읽고 각 물음에 중국어로 답하세요.

我介绍一下我的家人。我家有四口人，爸爸、妈妈、弟弟和我。爸爸在公司工作，他平时很忙，常常晚上10点回家。妈妈也工作，她是大学老师，她不太忙。弟弟今年十七岁，是高中一年级学生，他喜欢玩电脑游戏。

① 他爸爸、妈妈在哪儿工作? ______________

② 他爸爸平时晚上几点回家? ______________

③ 他弟弟今年多大了? ______________

④ 他弟弟是几年级学生? ______________

⑤ 他弟弟喜欢做什么? ______________

✓ 보충단어 平时 píngshí : 평소, 常常 chángcháng : 자주, 喜欢 xǐhuan : 좋아하다, 玩 wán : 놀다, 游戏 yóuxì : 게임, 年级 niánjí : 학년

V. 빵棒 빵棒 회화

1) 그림을 보고 두 사람이 나누는 회화를 적절하게 만들어 보세요. (그림은 사이버 강의실에서 제공됩니다.) a) 우선 회화를 말로 표현해 보고, b) 말한 내용을 한자로 써보세요.

2) 친구나 형제의 사진을 아래에 붙이고 묘사해 볼까요? a) 중국어로 말해 보고, b) 말한 내용을 한자로 써보세요. (교재 83쪽의 3번을 참조할 수 있습니다. 배운 내용을 충분히 활용한다면 이야기가 더 재미있고 풍부해지겠지요?)

사진

一起玩一玩

보물찾기게임

Tip!

미션! 숨겨진 보물을 찾아라!

선생님께서 여러분을 위해 보물쪽지를 숨겨 두었어요. 중국어 설명을 잘 듣고 숨겨진 보물쪽지를 찾아봅시다. 그리고 그 보물쪽지를 찾아서 다음 수업 시간에 가져오면 그 안에 적힌 물건을 선물로 주신답니다. 과연 보물쪽지는 어디에 있을까요?

Q&A

수수께끼

이것은 무엇일까요?

一只箱, Yì zhī xiāng,	상자 하나가,
真奇怪, zhēn qíguài,	정말 이상해요.
肮脏的进去, āngzāng de jìnqu,	더러운 것이 들어가고,
干净的出来。 gānjìng de chūlai	깨끗한 것이 나와요.

9

기본중국어 Workbook 9과

一起去看电影吧 영화 보러 같이 가요

• 이름 : ________________ • 학번 : ________________ • 분반 : ________ 반

• 제출일 : __________ 년 ______ 월 ______ 일

I. 싱行 싱行 한자

1) 다음의 각 한자를 올바른 획순에 따라서 적어 봅시다.

한자							
一起	一起	一起	一起	一起	一起		
yìqǐ 함께							一 起起起起起起起起起起
玩儿	玩儿	玩儿	玩儿	玩儿	玩儿		
玩兒 wánr 놀다							玩玩玩玩玩玩玩玩 儿儿
酒	酒	酒	酒	酒	酒	酒	酒
jiǔ 술							酒酒酒酒酒酒酒酒酒酒
逛街	逛街	逛街	逛街	逛街	逛街		
guàng jiē 거리를 거닐다							逛逛逛逛逛逛逛逛逛逛 街街街街街街街街街街街街
怎么样	怎么样	怎么样	怎么样	怎么样	怎么样		
怎麼樣 zěnmeyàng 어떠하냐							怎怎怎怎怎怎怎怎怎 么么么 样样样样样样样样样样

下课	下课	下课	下课	下课	下课
下課 xià kè 수업이 끝나다					下下下 课课课课课课课课课课

以后	以后	以后	以后	以后	以后
以後 yǐhòu 이후에					以以以以 后后后后后后

等	等	等	等	等	等	等	等
děng 기다리다							等等等等等等等等等等等等

东西	东西	东西	东西	东西	东西
東西 dōngxi 물건					东东东东东 西西西西西西

休息	休息	休息	休息	休息	休息
xiūxi 쉬다. 휴식을 취하다					休休休休休休 息息息息息息息息息息

时间	时间	时间	时间	时间	时间
時間 shíjiān 시간					时时时时时时时 间间间间间间间

咱们	咱们	咱们	咱们	咱们	咱们
zánmen 우리(들)					咱咱咱咱咱咱咱咱咱 们们们们们

那	那	那	那	那	那	那	那
nà 저것							那那那那那那

2) 다음에 주어진 단어를 병음은 한자로, 한자는 병음으로 표기하세요.

① shíjiān ______ ② guàng jiē ______ ③ zěnmeyàng ________ ④ děng ______

⑤ 酒 ______ ⑥ 东西 ______ ⑦ 休息 ________ ⑧ 一起 ______

3) 7~9과를 통해서 배운 문형들을 활용하여 아래의 퍼즐을 완성해 봅시다.

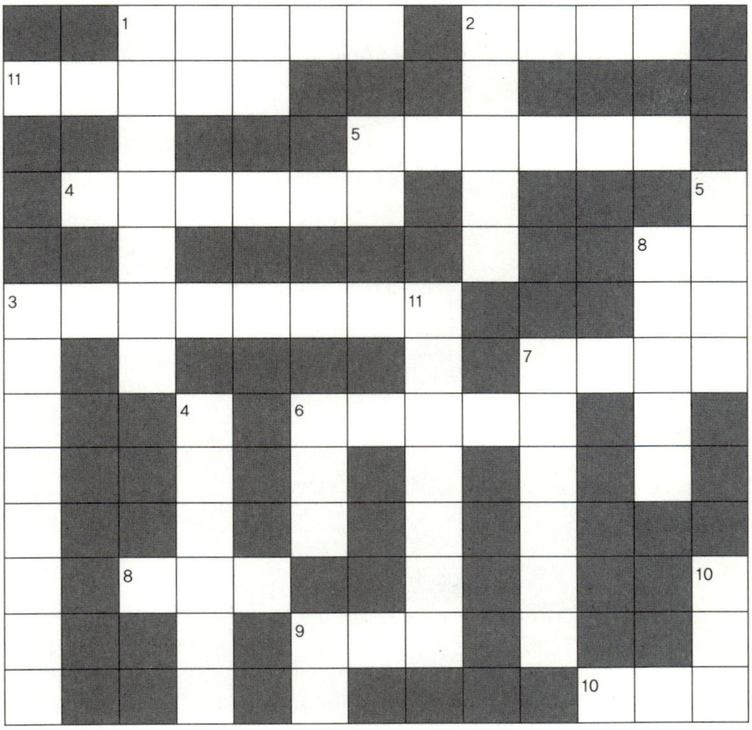

가로

1. 저는 시간이 없습니다.
2. 그는 결혼했습니다.
3. 저는 학교 정문 앞에서 당신을 기다리겠습니다.
4. 그는 회사 직원입니다.
5. 그녀는 가정주부입니다.
6. 그는 아직 집에 돌아가지 않았습니다.
7. 저는 졸업했습니다.
8. 그는 바쁩니다.
9. 여자친구
10. 고등학생
11. 당신은 형이 있습니까?

세로

1. 저의 오빠는 대학생입니다.
2. 그는 집에서 공부를 합니다.
3. 우리 함께 술 마시러 갑시다.
4. 제 여동생은 사랑스럽습니다.(귀엽습니다)
5. 당신은 몇 살입니까?
6. 그는 정말 잘생겼습니다.
7. 저의 가족은 5명입니다.
8. 이 숙제는 정말 어렵습니다.
9. 딸, 여자아이
10. 중학생
11. 당신은 남자친구가 있습니까?

Ⅱ. 통通 통通 문법

1) 예문을 따라서 문장을 만들어 보세요. 단어를 사용해서 문장을 완성하고 우리말로 바꾸세요.

예 : 我们一起去商店买东西，怎么样？ (商店 / 买东西)

① ______________________________ (酒吧 / 喝酒)

② ______________________________ (图书馆 / 学习)

③ ______________________________ (公园 / 玩儿)

④ ______________________________ (明洞 / 逛街)

예 : 你想吃什么？ → 我想吃北京烤鸭。 (北京烤鸭)

① 你想去哪儿？ → ______________________________ (法国)

② 你想做什么？ → ______________________________ (睡觉)

③ 你想见谁？ → ______________________________ (我男朋友)

④ 你想买什么？ → ______________________________ (笔记本电脑)

✓ 보충단어 公园 gōngyuán : 공원, 明洞 Míngdòng : 명동, 烤鸭 kǎoyā : 오리구이

2) 다음의 각 문장을 중국어로 옮기세요.

① 우리 오늘 같이 영화 보러 가자, 어때?

____

② 그럼 내일 아침 9시 반에 도서관 입구에서 만나자.

____

③ 너 내일 어디에서 수업이 끝나니? 내가 거기로 가서 널 기다릴게.

____

Ⅲ. 팅听 동懂 팅听 동懂 듣기

1) [True/False] 대화 [9.1]를 듣고 다음의 문장이 맞는지 틀리는지 선택하세요. 그리고 그 근거가 되는 문장을 중국어로 적으세요.

T F

① 대화의 두 사람은 일요일에 만날 것입니다. ………………………… □ □

____

② 두 사람은 오전에 만나서 쇼핑을 갈 예정입니다. ………………………… □ □

____

③ 두 사람은 학교 입구에서 만나기로 했습니다. ………………………… □ □

____

✓ 보충단어 衣服 yīfu : 옷, 早 zǎo : 이르다

2) 대화 [9.2]를 듣고 다음의 각 물음에 적합한 답을 a) 우선 중국어로 말해 보고, b) 말한 내용을 한자로 적으세요.

① A와 B는 내일 만나서 무엇을 합니까?

____

② 북경 오리고기는 맛이 어떻습니까?

____

③ A와 B는 내일 몇 시에 어디에서 만날 예정입니까?

____

✓ 보충단어 事 shì : 일, 听说 tīngshuō : 듣자 하니

Ⅳ. 칸看 동懂 칸看 동懂 읽기

1) 다음의 문단을 읽고 각 물음에 중국어로 답하세요.

九月十四号是中秋节，我不上课，我爸爸也不上班，我们全家一起去我奶奶家。我奶奶在光州，她今年七十岁，不过身体很好。每年中秋节我们都去光州看她。

① 今年中秋节是几月几号? ______________________________

② 他们全家中秋节做什么? ______________________________

③ 他奶奶今年多大年纪? ______________________________

④ 他奶奶身体怎么样? ______________________________

✓ 보충단어 中秋节 Zhōngqiūjié : 추석, 上班 shàng bān : 출근하다, 全家 quánjiā : 온 가족, 不过 búguò : 그런데, 身体 shēntǐ : 신체 / 건강, 每年 měinián : 매년

V. 빵棒 빵棒 회화

1) 그림을 보고 두 사람이 나누는 회화를 적절하게 만들어 보세요. (그림은 사이버 강의실에서 제공됩니다.) a) 우선 회화를 말로 표현해 보고, b) 말한 내용을 한자로 써보세요.

2) 메가박스 영화관에서 영화 관람을 할 수 있는 초대권이 2장 생겼습니다. 이번 주말까지 원하는 영화를 원하는 시간에 볼 수가 있습니다. 같이 가고 싶은 친구를 정해서, 이번 주에 언제 시간이 되는지, 무슨 영화를 보고 싶은지를 알아보고, 만날 약속을 해봅시다.
먼저 a) 중국어로 말해 보고, b) 말한 내용을 한자로 써보세요.

떠나자! 중국의 거리로!

Tip!

중국의 거리로 나가 볼까요? 무엇이 보이나요?

Q&A 수수께끼

이것은 무엇일까요?

你说话, Nǐ shuō huà,	당신은 말하고요,
他记下, tā jìxià,	그 사람은 쓴대요,
让他读一遍, ràng tā dú yí biàn,	그에게 한 번 읽어 보라 하니,
全是你的话。 quán shì nǐ de huà.	모두가 당신의 말이군요.

기본중국어 Workbook 10과

10

你去过济州岛吗? 당신은 제주도에 가본 적이 있나요?

• 이름 : ____________ • 학번 : ____________ • 분반 : ________ 반

• 제출일 : ________ 년 ______ 월 ______ 일

I. 싱行 싱行 한자

1) 다음의 각 한자를 올바른 획순에 따라서 적어 봅시다.

打算	打算	打算	打算	打算	打算
dǎsuan ~하려고 하다					打打打打打 算算算算算算算算算算算算算

旅行	旅行	旅行	旅行	旅行	旅行
lǚxíng 여행					旅旅旅旅旅旅旅旅旅旅 行行行行行行

留学	留学	留学	留学	留学	留学
留學 liúxué 유학					留留留留留留留留留留 学学学学学学学学

过	过	过	过	过	过	过	过
過 guo 경험을 나타내는 조사							过过过过过过

济州岛	济州岛	济州岛	济州岛	济州岛	济州岛
濟州島 Jìzhōudǎo 제주도					济济济济济济济济济 州州州州州州 岛岛岛岛岛岛岛

茶	茶	茶	茶	茶	茶	茶	茶
chá 차							茶茶茶茶茶茶茶茶茶

泡菜	泡菜	泡菜	泡菜	泡菜	泡菜
pàocài 김치					泡泡泡泡泡泡泡泡 菜菜菜菜菜菜菜菜菜菜菜

京剧	京剧	京剧	京剧	京剧	京剧
京劇 jīngjù 경극					京京京京京京京京 剧剧剧剧剧剧剧剧剧剧

时候	时候	时候	时候	时候	时候
時候 shíhou 시간, 동안					时时时时时时时 候候候候候候候候候候

考试	考试	考试	考试	考试	考试
考試 kǎo shì 시험(보다)					考考考考考考 试试试试试试试试

跟	跟	跟	跟	跟	跟	跟	跟
gēn ~와							跟跟跟跟跟跟跟跟跟跟跟跟跟

假期	假期	假期	假期	假期	假期
jiàqī 휴가 기간					假假假假假假假假假假假 期期期期期期期期期期期期

第	第	第	第	第	第	第	第
dì 제 (차례의 몇 째를 가리킴)							第第第第第第第第第第第

次	次	次	次	次	次	次	次
cì 번, 횟수							次次次次次次

2) 다음에 주어진 단어를 병음은 한자로, 한자는 병음으로 표기하세요.

① jiàqī ________ ② kǎo shì ________ ③ liúxué ________ ④ pàocài ________
⑤ 旅行 ________ ⑥ 时候 ________ ⑦ 打算 ________ ⑧ 跟 ________

3) 다음에 병음으로 주어진 각 문장을 한자로 쓰고 우리말로 바꾸세요.

① Wǒ dǎsuan qù Yīngguó jiàn péngyou.

汉 ________________

→ 韩 ________________

② Zhè ge xīngqīsān wǒ dǎsuan gēn wǒ jiějie yìqǐ qù lǚxíng.

汉 ________________

→ 韩 ________________

③ Tā hái méi hēguo Zhōngguó jiǔ ne.

汉 ________________

→ 韩 ________________

Ⅱ. 통通 통通 문법

1) 자신의 실제 상황에 따라서 아래의 질문에 대답하세요.

① 你吃过中国菜吗? ________________

② 你喝过中国酒吗? ________________

③ 你做过泡菜吗? ________________

④ 你去过哪些国家? ________________

⑤ 你学过什么外语? ________________

✓ 보충단어 外语 wàiyǔ : 외국어, 哪些 nǎxiē : 어떤 / 어느(복수), 国家 guójiā : 나라

2) 아래의 각 문장에서 틀린 부분을 바로잡으세요.

① 以前我没学过汉语了。

② 你打算什么时候去旅行吗?

③ 我去逛街跟朋友。

④ 这是去中国第一次。

✓ 보충단어 以前 yǐqián : 이전에

3) 다음의 각 문장을 중국어로 옮기세요.

① 너는 남자친구하고 언제 결혼할 계획이니?

____

② A: 너 일본에 가 보았니?

A: ______________________________

B: 아직 안 가 보았어.

B: ______________________________

A: 그럼 중국은?

A: ______________________________

B: 중국도 아직 안 가 보았어. (그런데) 이번 방학 때 친구하고 중국에 가서 중국어를 배울 계획이야.

B: ______________________________

____

Ⅲ. 팅听 동懂 팅听 동懂 듣기

1) [True/False] 대화 [10.1]을 듣고 다음의 문장이 맞는지 틀리는지 선택하세요. 그리고 그 근거가 되는 문장을 중국어로 적으세요.

	T	F
① B는 이번 방학 때 중국에 여행갈 계획입니다.	□	□
② B는 이번이 두 번째 중국 여행입니다.	□	□
③ B는 친구와 함께 약 20일 정도 중국에 머물 계획입니다.	□	□

✓ 보충단어 放假 fàng jià : 방학하다

3) 대화 [10.2]를 듣고 다음의 각 물음에 적합한 답을 a) 우선 중국어로 말해 보고, b) 말한 내용을 한자로 적으세요.

① B는 북경 오리구이를 먹어 본 적이 있습니까?

② A와 B는 북경에 가서 북경 오리구이를 먹으려고 합니까?

③ A와 B는 토요일 저녁 식사로 북경 오리구이를 먹습니까?

✓ 보충단어 知道 zhīdao : 알다, 地方 dìfang : 곳/장소, 新村 Xīncūn : 신촌

Ⅳ. 칸看 동懂 칸看 동懂 읽기

1) 다음의 문단을 읽고 각 물음에 중국어로 답하세요.

北京是中国的首都，我还没去过。听说北京很漂亮，还有很多好吃的菜，暑假我打算跟家人一起去北京旅行。我们的计划是七月二十四号去，在北京玩四天，七月二十八号回国。

① 她有没有去过北京? ______________________

② 她听说北京怎么样? ______________________

③ 暑假她打算做什么? ______________________

④ 她打算什么时候回国? ______________________

✔ 보충단어 听说 tīngshuō : 듣자 하니, 首都 shǒudū : 수도, 暑假 shǔjià : 여름방학, 计划 jìhuà : 계획

MEMO

V. 빵棒 빵棒 회화

1) 그림을 보고 두 사람이 나누는 회화를 적절하게 만들어 보세요. (그림은 사이버 강의실에서 제공됩니다.) a) 우선 회화를 말로 표현해 보고, b) 말한 내용을 한자로 써보세요.

2) 어느덧 이번 학기도 많이 지나고 방학이 점점 다가오고 있습니다. 방학 때 무엇을 할까 생각해 보는 것만으로도 즐겁지 않나요? 방학 때 무엇을 할지 한 번 생각해 보고, 계획을 중국어로 말해 봅시다!

Tip!

Chinese Pinyin Scrabble!!

10과에서 어떤 단어들을 배웠는지 기억나세요? 배운 단어들을 사용하여 빈칸을 병음으로 연결해 봅시다.

Q&A

수수께끼

이것은 무엇일까요?

有个好朋友, 좋은 친구가 하나 있는데
Yǒu ge hǎo péngyou,
天天跟我走。 매일매일 날 따라다녀요.
tiāntiān gēn wǒ zǒu,
有时走在前, 어떤 때는 내 앞에서 걷고,
yǒushí zǒu zài qián,
有时走在后, 어떤 때는 내 뒤에서 걷지요.
yǒushí zǒu zài hòu,
我和他说话, 내가 그에게 말을 하면,
wǒ hé tā shuō huà,
他呀不开口。 그는요 말을 안 해요.
tā ya bù kāi kǒu.

11

기본중국어 Workbook 11과

你觉得汉语难吗? 당신은 중국어가 어려운 것 같나요?

• 이름 : ______________ • 학번 : ______________ • 분반 : ________ 반

• 제출일 : __________ 년 ______ 월 ______ 일

I. 싱行 싱行 한자

1) 다음의 각 한자를 올바른 획순에 따라서 적어 봅시다.

觉得	觉得	觉得	觉得	觉得	觉得
覺得 juéde ~라고 느끼다		觉觉觉觉觉觉觉觉觉 得得得得得得得得得得得			

语法	语法	语法	语法	语法	语法
語法 yǔfǎ 문법		语语语语语语语语语 法法法法法法法法			

衣服	衣服	衣服	衣服	衣服	衣服
yīfu 옷		衣衣衣衣衣衣 服服服服服服服服			

教	教	教	教	教	教	教	教
jiāo 가르치다		教教教教教教教教教教教					

游泳	游泳	游泳	游泳	游泳	游泳
yóu yǒng 수영하다		游游游游游游游游游游游游 泳泳泳泳泳泳泳泳			

跳舞	tiào wǔ 춤추다
哦	ò 아! 오!
专业	專業 zhuānyè 전공
读	讀 dú 읽다
年级	年級 niánjí 학년
发音	發音 fāyīn 발음
都	dōu 모두
喜欢	喜歡 xǐhuan 좋아하다
课	課 kè 과목

2) 다음에 주어진 단어를 병음은 한자로, 한자는 병음으로 표기하세요.

① fāyīn ______ ② xǐhuan ______ ③ yóu yǒng ______ ④ yǔfǎ ______

⑤ 教 ______ ⑥ 跳舞 ______ ⑦ 衣服 ______ ⑧ 觉得 ______

3) 다음에 병음으로 주어진 각 문장을 한자로 쓰고 우리말로 바꾸세요.

① Wǒ juéde Hànyǔ fāyīn hěn nán, yǔfǎ yě yǒudiǎnr nán.

汉 ______________________________

→ 韩 ______________________________

② Zhāng lǎoshī jiāo wǒmen yóu yǒng. Tā duì xuésheng hěn hǎo.

汉 ______________________________

→ 韩 ______________________________

③ Zhè běn yīngyǔ shū hěn yǒu yìsi. Wǒ hěn xǐhuan kàn zhè běn shū.

汉 ______________________________

→ 韩 ______________________________

Ⅱ. 통通 통通 문법

1) 아래의 각 문장에서 틀린 부분을 바로잡으세요.

① 我觉得汉语发音难有点儿。

② 她教做中国菜我。

③ 我们喜欢玩儿都。

④ 我觉得这儿的东西有点儿便宜。

✓ 보충단어 便宜 piányi : 싸다

2) 다음의 각 문장에서 밑줄 친 내용의 답이 나오도록 의문문을 만들어 보세요.

① 我觉得中国菜<u>很好吃</u>。 → ____________________

② 李老师教我们<u>汉语</u>。 → ____________________

③ 我跟<u>家人</u>一起去吃饭。 → ____________________

④ 我打算<u>明年</u>去中国留学。 → ____________________

3) 다음의 각 문장을 중국어로 옮기세요.

① 너희 언니 대학 졸업했니? 아직 안했어. 지금 3학년이야.

____

② A: 너는 제주도가 어떤 것 같아?

A: ____________________

B: 제주도는 아름답고 날씨도 춥지 않아서, 나는 제주도를 정말 좋아해.

B: ____________________

③ 너 춤추는 것 좋아하니? 나 춤 좀 가르쳐 주라!

____

Ⅲ. 팅听 동懂 팅听 동懂 듣기

1) [True/False] 대화 [11.1]을 듣고 다음의 문장이 맞는지 틀리는지 선택하세요. 그리고 그 근거가 되는 문장을 중국어로 적으세요.

	T	F
① B는 중문과 3학년 학생입니다. …………	□	□
____________________		
② B는 처음에 중국어를 배우기 매우 어렵다고 느꼈습니다. …………	□	□
____________________		
③ B의 중국어 선생님은 잘생긴 남자분인데, 중국에서 오셨습니다. …………	□	□
____________________		

✓ 보충단어 开始 kāishǐ : 시작하다, 还是 háishi : 또는/아니면

2) 대화 [11.2]를 듣고 다음의 각 물음에 적합한 답을 a) 우선 중국어로 말해 보고, b) 말한 내용을 한자로 적으세요.

① B는 이번에 처음 한국에 왔습니까?

____

② B는 한국에 왜 왔습니까?

____

③ 한국에 B의 대한 인상은 어떻습니까?

____

✓ 보충단어 辣 là : 맵다, 最 zuì : 가장

Ⅳ. 칸看 동懂 칸看 동懂 읽기

1) 다음의 문단을 읽고 각 물음에 중국어로 답하세요.

我有一个中国朋友，叫张明。他今年三月来韩国留学，现在在首尔大学学韩国语。他觉得韩国语有点儿难，不过很有意思。来韩国以后，他常常跟朋友一起去旅行，去过韩国很多地方，他觉得济州岛最美。

① 她的中国朋友来韩国做什么？ ______________

② 张明觉得韩国语难不难？ ______________

③ 张明来韩国以后常常做什么？ ______________

④ 张明觉得韩国的哪个地方最美？ ______________

V. 빵棒 빵棒 회화

1) 张明이라는 중국 친구가 여러분에게 영상 편지를 보냈습니다. 동영상에 나오는 张明에 대해서 이야기해 볼까요? (동영상은 사이버 강의실에서 제공됩니다.) a) 우선 말로 표현해 보고, b) 말한 내용을 한자로 써보세요.

2) 자, 이제 张明처럼 우리도 동영상을 만든다고 가정해 봅시다. 중국어를 함께 공부할 중국 친구를 찾는 영상 편지를 만들려고 한다면 어떻게 이야기해야 할까요?

중국유행어 따라잡기

Tip!

여러분 안녕하삼? 요즘 통신 언어가 참 다양하죠. 중국의 대학생들도 인터넷상에서 다양한 통신 언어를 사용하는데요, 그중 하나는 중국어를 영어 알파벳으로 축약해서 사용하는 거예요.
밑에 있는 컴퓨터 화면에 중국 대학생들이 인터넷상에서 쓴 문장이 있네요. 밑줄친 부분이 무슨 뜻일지 알아맞춰 볼까요?

정답은 다음 페이지에 있어요 →

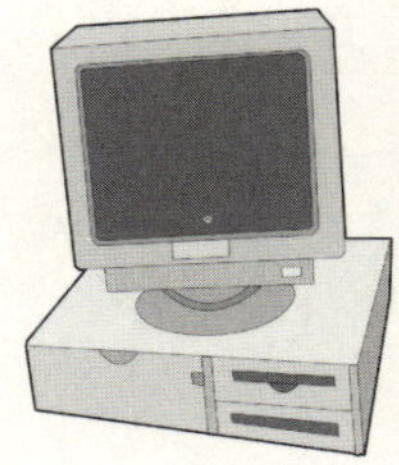

중국인들, 인터넷에서는 어떻게 얘기할까?

- JJ 姐姐 jiějie(언니, 누나, 나이 많은 여자)
- GG 哥哥 gēge(오빠, 나이 많은 남자)
- BD 笨蛋 bèndàn(바보!)
- DD 弟弟 dìdi(남동생, 어린 남자아이)
- MM 妹妹 mèimei、美眉 měiméi(젊은 여성에 대한 통칭)
- P9 啤酒 píjiǔ(맥주)
- BB 宝贝 bǎobèi(보배), 情人 qíngrén(애인), 孩子 háizi(아이), baby, Bye Bye(이쁜이, 애인, 아이, 잘 가)
- BT 变态 biàntài(변태!)
- KL 恐龙 kǒnglóng(공룡 : 못생긴 여자)
- PLMM 漂亮美眉 piàoliang měiméi(예쁜 여자)
- SJB 神经病 shénjīngbìng(정신병 : 미쳤어!)
- 爬墙头 pá qiángtou(벽을 타다 : 눈팅족, 눈팅하다)
- 灌水 guàn shuǐ(물을 대다 : 물타기)

12

기본중국어 Workbook 12과

你考得怎么样? 당신은 시험을 어떻게 봤나요?

• 이름 : ____________ • 학번 : ____________ • 분반 : ________ 반

• 제출일 : ________ 년 ______ 월 ______ 일

I. 싱行 싱行 한자

1) 다음의 각 한자를 올바른 획순에 따라서 적어 봅시다.

考	考	考	考	考	考	考	考
kǎo 시험보다							考考考考考考

写	写	写	写	写	写	写	写
寫 xiě 쓰다							写写写写写

踢	踢	踢	踢	踢	踢	踢	踢
tī 차다							踢踢踢踢踢踢踢踢踢踢踢踢踢踢踢

复习	复习	复习	复习	复习	复习
復習 fùxí 복습					复复复复复复复复复 习习习

准备	准备	准备	准备	准备	准备
準備 zhǔnbèi 준비					准准准准准准准准准准 备备备备备备备备

预习	预习	预习	预习	预习	预习

預習 yùxí 예습 预预预预预预预预预预 习习习

别	别	别	别	别	别	别	别

bié ~ 하지마라 别别别别别别别

迟到	迟到	迟到	迟到	迟到	迟到

遲到 chídào 지각 迟迟迟迟迟迟迟 到到到到到到到到

游戏	游戏	游戏	游戏	游戏	游戏

游戲 yóuxì 게임 游游游游游游游游游游游游 戏戏戏戏戏戏

有意思	有意思	有意思	有意思	有意思	有意思

yǒu yìsi 재미있다 有有有有有有 意意意意意意意意意意意意意 思思思思思思思思思

晚	晚	晚	晚	晚	晚	晚	晚

wǎn 늦다 晚晚晚晚晚晚晚晚晚晚晚

事	事	事	事	事	事	事	事

shì 일 事事事事事事事事

2) 다음에 주어진 단어를 병음은 한자로, 한자는 병음으로 표기하세요.

① tī ______ ② zhǔnbèi ______ ③ yóuxì ______ ④ yùxí ______

⑤ 迟到 ______ ⑥ 晚 ______ ⑦ 考 ______ ⑧ 有意思 ______

3) 10~12과를 통해서 배운 문형들을 활용하여 아래의 퍼즐을 완성해 봅시다.

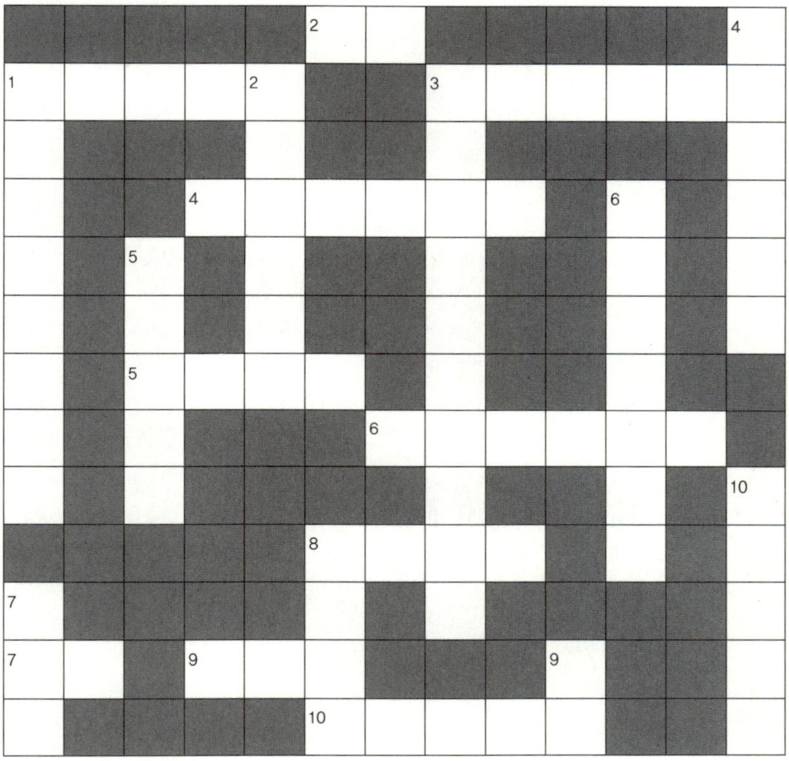

가로

1. 그녀는 나에게 중국어를 가르칩니다.
2. 준비하다.
3. 저는 시험을 그다지 잘 보지 못했습니다.
4. 저는 친구 한 명이 있습니다.
5. 문제가 매우 어렵습니다.
6. 당신은 프랑스에 가본 적이 있습니까?
7. 수영하다.
8. 저는 컴퓨터를 배웁니다.
9. 가 보지 않았습니다.
10. 그는 나에게 음식 만드는 것을 가르칩니다.

세로

1. 그녀는 언제 중국에 갑니까?
2. 문법은 조금 어렵습니다.
3. 저는 친구와 함께 영화 보러 갑니다.
4. 복습을 잘 하지 않았습니다.
5. 시험 문제가 어렵니?
6. 당신은 한국 음식을 먹어 본 적이 있습니까?
7. 게임하다.
8. 저는 그를 만난 적이 있습니다.
9. 김치
10. 당신은 몇 학년입니까?

Ⅱ. 통通 통通 문법

1) 예문을 따라서 문장을 만들어 보세요.

예 : 这次考试你考得怎么样? (这次考试/考)

① ______________________________ (昨天/睡)

② ______________________________ (这次旅行/玩)

③ ______________________________ (周末/休息)

④ ______________________________ (假期/过)

2) 다음의 각 문장에서 틀린 부분을 바로잡으세요.

① 你考试得多少分了?

② 这次汉语口语考试我不考得好。

③ 你睡得太晚了别。

④ 下次我准备好好儿。

3) 다음의 각 문장을 중국어로 옮기세요.

① 복습을 잘 안 했더니 이 숙제가 너무 어려워!

____

② 내 생각에 이번 시험을 잘 못 본 것 같아. 넌 이번 시험 몇 점 맞았니?

____

③ 가지 마, 너랑 같이 있고 싶단 말이야.

____

Ⅲ. 팅听 동懂 팅听 동懂 듣기

1) [True/False] 대화 [12.1]을 듣고 다음의 문장이 맞는지 틀리는지 선택하세요. 그리고 그 근거가 되는 문장을 중국어로 적으세요

T F

① B는 이번 시험을 잘 보았습니다. ························ □ □

____

② A는 이번 시험을 위한 준비를 많이 했습니다. ························ □ □

____

③ A는 매일 친구와 도서관에 가서 공부를 했습니다. ························ □ □

____

2) 대화 [12.2]를 듣고 각 물음에 적합한 답을 a) 우선 중국어로 말해 보고, b) 말한 내용을 한자로 적으세요.

① B는 오늘 조금 피곤한가요?

____

② B는 어젯밤에 무엇을 했습니까?

____

③ A가 B에 대해서 걱정하는 것은 무엇일까요?

____

✓ 보충단어 眼睛 yǎnjing : 눈

Ⅳ. 칸看 동懂 칸看 동懂 읽기

1) 다음의 문단을 읽고 각 물음에 중국어로 답하세요.

上个星期我们期中考试了。这次我的专业课考得不太好，才得了六十多分。我觉得试题太难，很多内容我都不知道，而且，考试前我和朋友去看电影了，没有好好儿复习。我想这样做不行，以后一定要好好儿听课，好好儿准备考试。

① 她期中考试考得怎么样? ______________________

② 专业课考试她得了多少分? ______________________

③ 为什么她考得不好? ______________________

④ 她打算以后怎么做? ______________________

✓ 보충단어 期中考试 qīzhōngkǎoshì : 중간고사, 才 cái : 겨우, 内容 nèiróng : 내용, 为什么 wèishénme : 왜, 而且 érqiě : 게다가

MEMO

V. 빵棒 빵棒 회화

1) 동영상을 보고 두 사람이 어떤 대화를 나누는지 생각해 보세요. (동영상은 사이버 강의실에서 제공됩니다.) a) 우선 회화를 말로 표현해 보고, b) 말한 내용을 한자로 써보세요.

2) 방학이 성큼 다가오고 있습니다. 방학을 하려면 먼저 기말 시험을 치루어야 하네요. 중국어 말하기 시험을 보고 난 후를 상상해 볼까요? 말하기 시험을 본 후에 친구와 나누게 될 것 같은, 혹은 나누고 싶은 대화를 연습해 봅시다.

중국 유행어 따라잡기

Tip!

여러분 숫자 486이 무얼 의미하는지 아세요? 한때 유행했던 것인데……. 바로 '사랑해'라는 의미이죠! 그럼 중국에서는 어떤 숫자로 '사랑해'를 나타낼까요? 중국에도 숫자 유행어들이 많이 있답니다. 핸드폰 문자를 보내거나 인터넷 상에서 자주 사용하죠.
중국인들이 자주 사용하는 숫자 유행어들을 알아볼까요?

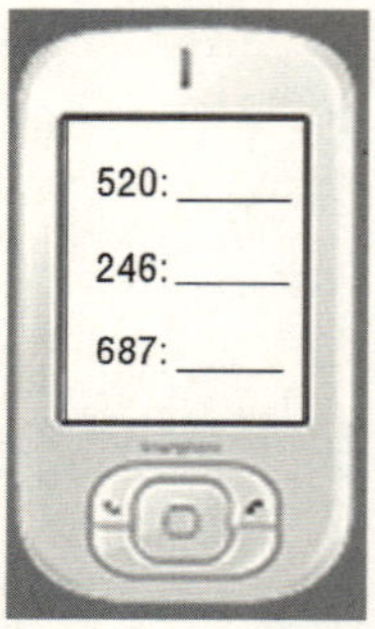

정답

520 : 我爱你(wǒ ài nǐ)
: 나는 너를 사랑해
246 : 饿死了(è sǐ le)
: 배고파 죽겠어
687 : 对不起(duìbuqǐ)
: 미안해요

Q&A 수수께끼

이것은 무엇일까요?

老师不说话, Lǎoshī bù shuō huà,	이 선생은 말을 안 해요.
肚里学问大。 dùli xuéwèn dà。	그러나 뱃속에 학문이 많아요.
要是不识字, yàoshi bú shí zì,	만약 모르는 글자가 있으면
可以去问它。 kěyǐ qù wèn tā.	그에게 물어보면 돼요.

기본중국어 Workbook 13과

你有什么爱好? 당신은 어떤 취미가 있나요?

• 이름 : ____________ • 학번 : ____________ • 분반 : ________ 반

• 제출일 : ________ 년 ______ 월 ______ 일

I. 싱行 싱行 한자

1) 다음의 각 한자를 올바른 획순에 따라서 적어 봅시다.

打网球	打网球	打网球	打网球	打网球	打网球
打網球 dǎ wǎngqiú 테니스를 치다	打打打打打 网网网网网网 球球球球球球球球球球球				

足球	足球	足球	足球	足球	足球
zúqiú 축구	足足足足足足足 球球球球球球球球球球球				

画画儿	画画儿	画画儿	画画儿	画画儿	画画儿
畫畫兒 huà huàr 그림을 그리다	画画画画画画画画 儿儿				

唱歌	唱歌	唱歌	唱歌	唱歌	唱歌
chàng gē 노래하다	唱唱唱唱唱唱唱唱唱唱唱 歌歌歌歌歌歌歌歌歌歌歌歌歌歌				

开车	开车	开车	开车	开车	开车
開車 kāi chē 운전하다	开开开开 车车车车				

骑	骑	骑	骑	骑	骑	骑	骑
騎 qí 타다							骑骑骑骑骑骑骑骑骑骑骑骑

自行车	自行车	自行车	自行车	自行车	自行车
自行車 zìxíngchē 자전거					自自自自自自 行行行行行行 车车车车

爱好	爱好	爱好	爱好	爱好	爱好
愛好 àihào 취미					爱爱爱爱爱爱爱爱爱爱 好好好好好好

问题	问题	问题	问题	问题	问题
問題 wèntí 문제					问问问问问问 题题题题题题题题题题题题题题题

2) 다음에 주어진 단어를 병음은 한자로, 한자는 병음으로 표기하세요.

① chàng gē ______ ② àihào ______ ③ wèntí ______ ④ dǎ wǎngqiú ______

⑤ 自行车 ______ ⑥ 开车 ______ ⑦ 足球 ______ ⑧ 骑 ______

3) 다음에 병음으로 주어진 각 문장을 한자로 쓰고 우리말로 바꾸세요.

① Wǒ zuò cài zuò de bú tài hǎochī.

汉 ________________________________

→ 韩 ________________________________

② Wǒ měitiān zǎoshang gēn nánpéngyou yìqǐ qù dǎ wǎngqiú.

汉 ________________________________

→ 韩 ________________________________

③ Wǒ hěn xǐhuan yùndòng, měitiān xià kè huí jiā jiù qù tī zúqiú.

汉 ________________________________

→ 韩 ________________________________

Ⅱ. 통通 통通 문법

1) 예문을 따라서 문장을 만들어 보세요.

예 : 打网球　　好　→　你打网球打得好吗? 我打网球打得很好 / 不好。

① 游泳　　快　　→ ____________________

② 说英语　流利　→ ____________________

③ 跳舞　　好　　→ ____________________

2) 자신의 실제 상황에 따라서 아래의 질문에 대답하세요.

① 你会唱中国歌吗? ____________________

② 你妈妈会不会做泡菜? ____________________

③ 你们的汉语老师会说韩国语吗? ____________________

④ 你男朋友会喝酒吗? ____________________

3) 다음의 각 문장을 중국어로 옮기세요.

① 우리 아버지는 축구를 아주 좋아하셔서 일요일 아침마다 축구를 하셔.

____

② A: 나랑 같이 테니스 치러 가자.

A: ____________________

B: 나 테니스 못 치는데. 그럼 네가 나 가르쳐 줄래?

B: ____________________

③ 내 남자친구는 노래하는 것을 좋아하는데 참 못 불러요.

____

Ⅲ. 팅听 동懂 팅听 동懂 듣기

1) [True/False] 대화 [13.1]을 듣고 다음의 문장이 맞는지 틀리는지 선택하세요. 그리고 그 근거가 되는 문장을 중국어로 적으세요.

	T	F
① B의 취미는 수영입니다.	□	□
② B는 매일 수영 연습을 합니다.	□	□
③ A도 수영을 좋아합니다.	□	□

✓ 보충단어 有时 yǒushí : 이따금

2) 대화 [13.2]를 듣고 각 물음에 적합한 답을 a) 우선 중국어로 말해 보고, b) 말한 내용을 한자로 적으세요.

① B는 왜 평소에 요리를 하지 않습니까?

② B의 엄마의 요리 솜씨는 어떻습니까?

③ B는 요리를 배우고 싶어합니까?

✓ 보충단어 做菜 zuò cài : 요리를 만들다

Ⅳ. 칸看 동懂 칸看 동懂 읽기

1) 다음의 문단을 읽고 각 물음에 중국어로 답하세요.

我们一家四口人，每个人都有自己的爱好。我爸爸喜欢打高尔夫球，他打得很好，每个星期六他都跟朋友去打高尔夫球。我妈妈的爱好是唱歌，她唱韩国歌唱得不错。我弟弟喜欢玩电脑游戏，我呢，喜欢画画儿，我觉得自己画得还可以。

① 他爸爸的爱好是什么? ______________________

② 他爸爸每个星期六做什么? ______________________

③ 他妈妈唱歌唱得怎么样? ______________________

④ 他和他弟弟喜欢做什么? ______________________

✓ 보충단어 高尔夫球 gāo'ěrfūqiú : 골프, 不错 búcuò : 괜찮다, 电脑游戏 diànnǎo yóuxì : 컴퓨터 게임, 自己 zìjǐ : 자신

MEMO

V. 빵棒 빵棒 회화

1) 张同学의 가족에 대해서 한번 알아볼까요? 张同学의 가족은 모두 다른 취미를 가지고 있습니다. 모두들 어떤 취미를 가지고 있는지, 또 어느 정도 잘 하는지 이야기해 볼까요? (그림은 사이버 강의실에서 제공됩니다.) a) 우선 말로 표현해 보고, b) 말한 내용을 한자로 써보세요.

2) 张同学의 가족에 대해 알아보았으니 이제 자신과 자신의 가족에 대해서 이야기해 볼까요? 취미는 무엇인지, 얼마나 잘 하는지, 얼마나 자주 하는지 등에 대해서 한번 중국어로 이야기해 보세요.

노래 불러볼까요?

Tip!

朋友(친구)

这些年一个人
zhè xiē nián yí ge rén

风也过雨也走
fēng yě guò yǔ yě zǒu

有过泪有过错
yǒuguo lèi yǒuguo cuò

还记得坚持什么
hái jìde jiānchí shénme

真爱过才会懂
zhēn àiguo cái huì dǒng

会寂寞会回首
huì jìmò huì huí shǒu

终有梦终有你在心中
zhōng yǒu mèng zhōng yǒu nǐ zài xīn zhōng

朋友一生一起走
péngyou yìshēng yìqǐ zǒu

那些日子不再有
nà xiē rìzi bú zài yǒu

一句话一辈子
yí jù huà yí bèizi

一生情一杯酒
yì shēng qíng yì bēi jiǔ

朋友不曾孤单过
péngyou bù céng gūdān guo

一声朋友你会懂
yì shēng péngyou nǐ huì dǒng

还有伤还有痛
hái yǒu shāng hái yǒu tòng

还要走还有我
hái yào zǒu hái yǒu wǒ

✓ 보충단어 风 fēng : 바람, 泪 lèi : 눈물, 错 cuò : 잘못, 허물, 坚持 jiānchí : 굳게 지키다, 寂寞 jìmò : 외롭다, 回首 huí shǒu : 회상하다, 终 zhōng : 끝내, 마침내, 一辈子 yí bèizi : 한평생, 情 qíng : 사랑하는 정, 不曾 bùcéng : 일찍이 ~한 적 없다, 孤单 gūdān : 쓸쓸하다, 伤 shāng : 상하다, 痛 tòng : 아프다

속담배우기

Tip!

说曹操，曹操就到。
Shuō Cáo Cāo, Cáo Cāo jiù dào.
호랑이도 제 말 하면 온다.

Tip!

一见钟情
yí jiàn zhōng qíng
첫눈에 반하다.

기본중국어 Workbook 14과

14

你晚上常常干什么？ 당신은 저녁에 주로 무엇을 하나요?

• 이름 : ________________ • 학번 : ________________ • 분반 : ________ 반

• 제출일 : __________ 년 ______ 월 ______ 일

I. 싱行 싱行 한자

1) 다음의 각 한자를 올바른 획순에 따라서 적어 봅시다.

家务	家务	家务	家务	家务	家务
家務 jiāwù 집안일					家家家家家家家家家家 务务务务务
娱乐	娱乐	娱乐	娱乐	娱乐	娱乐
娛樂 yúlè 오락, 엔터테인먼트					娱娱娱娱娱娱娱娱娱娱 乐乐乐乐乐
饺子	饺子	饺子	饺子	饺子	饺子
餃子 jiǎozi 만두					饺饺饺饺饺饺饺饺饺 子子子
啤酒	啤酒	啤酒	啤酒	啤酒	啤酒
píjiǔ 맥주					啤啤啤啤啤啤啤啤啤啤啤啤 酒酒酒酒酒酒酒酒酒酒
常常	常常	常常	常常	常常	常常
chángcháng 종종					常常常常常常常常常常常

电视剧	电视剧	电视剧	电视剧	电视剧	电视剧
電視劇 diànshìjù TV드라마					

新闻	新闻	新闻	新闻	新闻	新闻
新聞 xīnwén 뉴스					

最近	最近	最近	最近	最近	最近
zuìjìn 최근					

放	放	放	放	放	放	放	放
fàng 놓다							

秋天	秋天	秋天	秋天	秋天	秋天
qiūtiān 가을					

童话	童话	童话	童话	童话	童话
童話 tónghuà 동화					

2) 다음에 주어진 단어를 병음은 한자로, 한자는 병음으로 표기하세요.

① jiāwù ______ ② píjiǔ ______ ③ zuìjìn ______ ④ tónghuà ______

⑤ 新闻 ______ ⑥ 电视剧 ______ ⑦ 娱乐 ______ ⑧ 秋天 ______

3) 다음에 병음으로 주어진 각 문장을 한자로 쓰고 우리말로 바꾸세요.

① Wǒ zǎoshang chángcháng qù túshūguǎn kàn shū.

汉 ______________________

→ 韩 ______________________

② Tā zài tīng Zhōngguó yīnyuè.

汉 ______________________

→ 韩 ______________________

③ Nǐ xǐhuan kàn shénme diànshì jiémù?

汉 ______________________

→ 韩 ______________________

Ⅱ. 통通 통通 문법

1) 예문을 따라서 문장을 만들어 보세요.

예 : 他在睡觉吗?　→　没有，他在听音乐呢。(听音乐)

① 他在做作业吗?　→　______________________ (玩电脑游戏)

② 他在做家务吗?　→　______________________ (看电视新闻)

③ 你在休息吗?　→　______________________ (和朋友聊天)

④ 你在看书吗?　→　______________________ (看电视剧)

2) 예문을 따라서 문장을 만들어 보세요.

예 : 我很想去旅行，可是没有时间。　　(去旅行，没有时间)

① ______________________________(去留学，没有钱)

② ______________________________(喝酒，不会喝)

③ ______________________________(吃中国菜，不会做)

④ ______________________________(结婚，还没有男朋友)

3) 다음의 각 문장을 중국어로 옮기세요.

① 나는 뉴스가 재미없는 것 같아서 잘 안 봐.

____

② 요즘 중국 드라마가 참 재미있어서, 매일 저녁마다 드라마 보느라 중국어 복습을 안 해.

____

____

③ A: 나는 집에 가면 늘 TV를 봐, 너는?

A: ______________________________

B: 나도 TV 보는 것 좋아하는데, 요즘 너무 바빠서 볼 시간이 없어.

B: ______________________________

Ⅲ. 팅听 동懂 팅听 동懂 듣기

1) [True/False] 대화 [14.1]을 듣고 다음의 문장이 맞는지 틀리는지 선택하세요. 그리고 그 근거가 되는 문장을 중국어로 적으세요.

T F

① B는 TV 오락 프로그램 보는 것을 좋아합니다. ······ □ □

____

② A도 TV 보는 것을 즐깁니다. ······ □ □

____

③ B는 영화를 볼 계획입니다. ······ □ □

____

✓ 보충단어 周末 zhōumò : 주말

2) 대화 [14.2]를 듣고 다음의 각 물음에 적합한 답을 a) 우선 중국어로 말해 보고, b) 말한 내용을 한자로 적으세요.

① A와 B는 오후에 무엇을 합니까?

____

② B는 언제 시험을 보나요?

____

③ A는 누구와 함께 쇼핑을 갑니까?

____

Ⅳ. 칸看 동懂 칸看 동懂 읽기

1) 다음의 문단을 읽고 각 물음에 중국어로 답하세요.

我的爱好是旅行，可是我还是一个学生，没有钱。现在我在打工，教一个中学生英语。我打算挣了钱以后，今年暑假跟朋友一起去中国旅行。

① 她想去哪儿旅行? ______________________

② 为什么她现在没去? ______________________

③ 她现在在做什么? ______________________

④ 她有什么计划? ______________________

✓ 보충단어 打工 dǎ gōng : 아르바이트하다, 挣 zhèng : 벌다, 暑假 shǔjià : 여름방학

MEMO

V. 빵棒 빵棒 회화

1) 그림을 보고 두 사람이 어떤 대화를 나누는지 생각해 보고, 중국어로 표현해 볼까요? (그림은 사이버 강의실에서 제공됩니다.) a) 우선 말로 표현해 보고, b) 말한 내용을 한자로 써보세요.

2) 저녁에 집에서 쉴 때는 보통 무엇을 하나요? TV를 보거나 인터넷을 하나요? 아니면 책을 보나요? 저녁 시간에 쉬면서 무엇을 하는지 친구와 함께 서로 묻고 대답해 볼까요?

Tip!

마루코(小丸子)네로 놀러오세요!

小丸子：我姓樱，叫桃子， 现在读小学三年级，
Wǒ xìng Yīng, jiào Táozǐ, xiànzài dú xiǎoxué sān niánjí,

因为我个子小，所以大家都叫我小丸子，
yīnwèi wǒ gèzi xiǎo, suǒyǐ dàjiā dōu jiào wǒ Xiǎowánzǐ,

我的名字本来有樱桃两个字，
wǒ de míngzi běnlái yǒu yīngtáo liǎng ge zì,

大家都顺理成章叫我樱桃小丸子。
dàjiā dōu shùnlǐchéngzhāng jiào wǒ Yīngtáo Xiǎowánzǐ。

我家一共有六个人：爷爷、奶奶、爸爸、妈妈和一个姐姐。
Wǒ jiā yígòng yǒu liù ge rén: yéye、nǎinai、bàba、māma hé yí ge jiějie。

我和姐姐都是女孩子，所以家里有什么新东西，
Wǒ hé jiějie dōu shì nǚháizi, suǒyǐ jiā li yǒu shénme xīn dōngxi,

我和姐姐一定会争到底的。
wǒ hé jiějie yídìng huì zhēng dàodǐ de。

啊~~，这就是我的家。 我回来了！
ā~~, zhè jiùshì wǒ de jiā。Wǒ huílai le!

✓ 보충단어 因为 yīnwèi : 왜냐하면, 个子 gèzi : 키, 所以 suǒyǐ : 그래서, 本来 běnlái : 원래, 顺理成章 shùnlǐchéngzhāng : 이치에 맞으면 저절로 되기 마련이다, 一共 yígòng : 전부, 新 xīn : 새로운, 一定 yídìng : 반드시, 会 huì : (추측)~할 것이다, 争到底 zhēng dàodǐ : 끝까지 쟁취하다

15

기본중국어 Workbook 15과

去地铁站怎么走? 지하철역에는 어떻게 가나요?

• 이름 : ____________ • 학번 : ____________ • 분반 : ______ 반

• 제출일 : ________ 년 ______ 월 ______ 일

I. 싱行 싱行 한자

1) 다음의 각 한자를 올바른 획순에 따라서 적어 봅시다.

市场	市场	市场	市场	市场	市场
市場 shìchǎng 시장					市市市市市 场场场场场场

火车站	火车站	火车站	火车站	火车站	火车站
火車站 huǒchēzhàn 기차역					火火火火 车车车车 站站站站站站站站站站

地铁	地铁	地铁	地铁	地铁	地铁
地鐵 dìtiě 지하철					地地地地地地 铁铁铁铁铁铁铁铁铁铁

离	离	离	离	离	离	离	离
離 lí ~로 부터							离离离离离离离离离离

远	远	远	远	远	远	远	远
遠 yuǎn 멀다							远远远远远远远

近	近	近	近	近	近	近	近
jìn 가깝다							近近近近近近近

超市	超市	超市	超市	超市	超市
chāoshì 슈퍼마켓					超超超超超超超超超超超超 市市市市市

机场	机场	机场	机场	机场	机场
機場 jīchǎng 공항					机机机机机机 场场场场场场

邮局	邮局	邮局	邮局	邮局	邮局
郵局 yóujú 우체국					邮邮邮邮邮邮邮 局局局局局局局

翻译	翻译	翻译	翻译	翻译	翻译
飜譯 fānyì 번역					翻翻翻翻翻翻翻翻翻翻翻翻翻翻翻翻翻翻 译译译译译译译

预订	预订	预订	预订	预订	预订
預訂 yùdìng 예약					预预预预预预预预预预 订订订订

换	换	换	换	换	换	换	换
換 huàn 바꾸다							换换换换换换换换换换

公共汽车	公共汽车	公共汽车	公共汽车	公共汽车	公共汽车
公共汽車 gōnggòngqìchē 버스					公公公公 共共共共共共 汽汽汽汽汽汽汽 车车车车

请问	请问	请问	请问	请问	请问
請問 qǐngwèn 말 좀 물어봅시다					请请请请请请请请请请 问问问问问问

一直	一直	一直	一直	一直	一直

一直 yìzhí 줄곧 — 一 直 直 直 直 直 直 直 直

往	往	往	往	往	往	往	往

wǎng ~로 향하다 — 往 往 往 往 往 往 往 往

前	前	前	前	前	前	前	前

qián 앞 — 前 前 前 前 前 前 前 前 前

分钟	分钟	分钟	分钟	分钟	分钟

分鍾 fēnzhōng (시간)분 — 分 分 分 分 钟 钟 钟 钟 钟 钟 钟 钟 钟

就	就	就	就	就	就	就	就

jiù 곧 — 就 就 就 就 就 就 就 就 就 就 就 就

到	到	到	到	到	到	到	到

dào 도착하다 — 到 到 到 到 到 到 到 到

2) 다음에 주어진 단어를 병음은 한자로, 한자는 병음으로 표기하세요.

① fānyì ______ ② gōnggòngqìchē ______ ③ yùdìng ______ ④ dào ______

⑤ 就 ______ ⑥ 请问 ______ ⑦ 换 ______ ⑧ 一直 ______

3) 13~15과를 통해서 배운 문형들을 활용하여 아래의 퍼즐을 완성해 봅시다.

가로	세로
1. 당신은 테니스치는 것을 좋아합니까?	1. 그녀는 수영을 좋아합니다.
2. 번역하다.	2. 축구를 하다.
3. 버스를 탈 필요가 없습니다.	3. 저는 그다지 잘 못 칩니다.
4. 당신은 무엇을 하고 있습니까?	4. 저는 차를 기다리고 있습니다.
5. 취미	5. 당신은 무슨 프로그램을 보고 있습니까?
6. 예약을 해야 합니까?	6. 차를 갈아타야 합니까?
7. 저는 자전거를 탈 줄 압니다.	7. 그녀는 영어를 할 줄 압니다.
8. 그다지 멀지 않습니다.	8. 저는 영화를 보고 싶지 않습니다.
9. TV 드라마	9. 곧장 앞으로 걸어가세요.
10. 기차역에 어떻게 갑니까?	10. 운전하다.

Ⅱ. 통通 통通 문법

1) "会, 要, 想" 중에서 적당한 것을 선택하여 빈칸을 채우세요.

① 我不______说法语，可是我很______学。

② 我和你一起去，______吗?

③ 明天有考试，今天我______复习。

2) "在, 离, 往, 跟, 对" 중에서 적당한 것을 선택하여 빈칸을 채우세요.

① 大学毕业以后我打算______男朋友结婚。

② 一直______前走，走十分钟就到。

③ 爸爸、妈妈______弟弟很好。

④ 你常常______哪儿买东西?

⑤ 那个饭店______地铁站远吗?

3) 다음의 각 문장을 중국어로 옮기세요.

① 우리집은 학교에서 너무 멀어서 종종 지각을 해요.

____

② 여기에서 남대문시장으로 가려면 차를 갈아타야 하나요?

____

Ⅲ. 팅听 동懂 팅听 동懂 듣기

1) [True/False] 대화 [15.1]을 듣고 다음의 문장이 맞는지 틀리는지 선택하세요. 그리고 그 근거가 되는 문장을 중국어로 적으세요.

T F

① A의 아버지는 버스를 타고 출근하십니다. ………… □ □

____

② A의 아버지는 회사가 멀어서 버스를 갈아타야 합니다. ………… □ □

____

2) 대화 [15.2]를 듣고 다음의 각 물음에 적합한 답을 a) 우선 중국어로 말해 보고, b) 말한 내용을 한자로 적으세요.

① A는 어느 곳에 가려고 합니까?

____

② A는 버스를 타고 가야 합니까?

____

③ A와 B가 있는 곳에서 목적지까지는 어느 정도 걸릴까요?

____

Ⅳ. 칸看 동懂 칸看 동懂 읽기

1) 다음의 문단을 읽고 각 물음에 중국어로 답하세요.

> 我很想去首尔大公园，以前没去过，不知道怎么走，我就问美英。美英说，首尔大公园离我们学校很远，去那儿要坐地铁，坐一个小时左右才能到。

① 她以前去过首尔大公园吗？ ______________

② 她不知道去首尔大公园怎么走，她问谁了？ ______________

③ 去首尔大公园要坐公共汽车吗？ ______________

④ 首尔大公园离他们学校远不远？ ______________

⑤ 坐地铁到那儿要多长时间？ ______________

V. 빵棒 빵棒 회화

1) 그림을 한번 볼까요? 이화여대를 찾는 사람을 만났네요. 위치가 어디인지 잘 살펴보고 길을 묻는 사람에게 친절히 가르쳐 주세요. (그림은 사이버 강의실에서 제공됩니다.) a) 우선 회화를 말로 표현해 보고, b) 말한 내용을 한자로 써보세요.

2) 먼저 지도를 꼼꼼히 살펴보세요. 그리고 나서 그림에 나타난 길 묻기와 대답하기를 한번 해볼까요? (지도와 그림은 사이버 강의실에서 제공됩니다.)

떠나자! 중국의 거리로!

Tip!

去地铁站怎么走?

여러분은 지금 중국 북경에서 지하철을 타고 시내 관광을 하려고 합니다. 지하철역은 어떻게 찾아가는지, 지하철 표는 어떻게 구입하는지 알 수 있나요? 중국 지하철역에만 있는 재미있는 점은 무엇일까요?

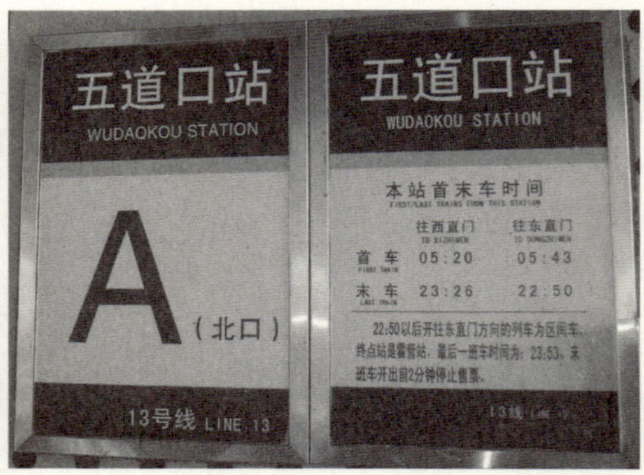

기본중국어 Workbook

펴낸날 _ 제1판 제1쇄 2009년 2월 28일
제3쇄 2013년 2월 5일
지은이 _ 모해연 · 이옥주 · 이재돈
펴낸이 _ 김훈순
펴낸곳 _ E.PRESS (이화여자대학교출판부)
주 소 _ 서울시 서대문구 대현동 11-1 (우 120-750)
등 록 _ 1954년 7월 6일 제9-61호
전 화 _ 02-3277-2965(편집)
02-362-6076(마케팅)
팩 스 _ 02-312-4312
전자우편 _ press@ewha.ac.kr
인터넷서점 _ www.ewhapress.com
편집책임 _ 정경임
디자인 _ (주)이환디앤비
찍은곳 _ 네오프린텍

ISBN 978-89-7300-819-3 14720
값 10,000원